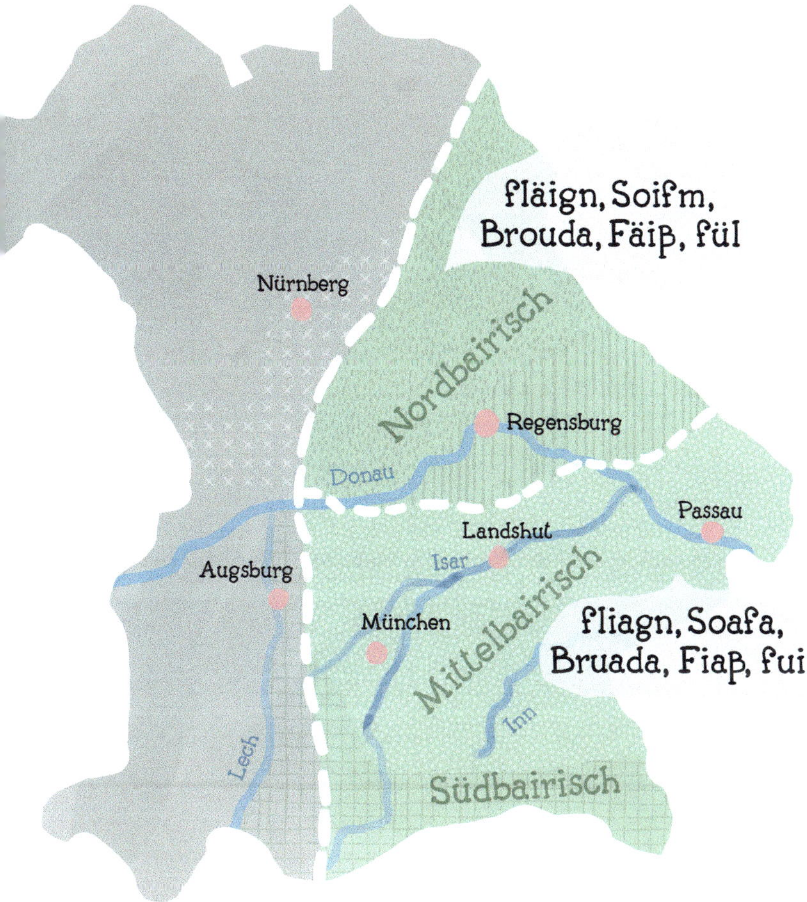
fläign, Soifm,
Brouda, Fäiß, fül
Nürnberg
Nordbairisch
Regensburg
Donau
Passau
Landshut
Isar
Augsburg
München
Mittelbairisch
fliagn, Soafa,
Bruada, Fiaß, fui
Inn
Lech
Südbairisch

MILENA GROPP · MARKUS KUNZMANN · JULIANE LIMPER

Bairisch

Vom Ratschen und Granteln

Dudenverlag
Berlin

Griaß God, liebe Leserinnen und Leser,

wir freuen uns, dass Sie sich mit uns auf eine Reise durch die bairische Sprachlandschaft begeben.

Dieses Büchlein ist sowohl für Ur-Bayern, Bairisch-Fans von außerhalb als auch Zugereiste. Wir kombinieren Informationen über die bairische Sprache mit Wissenswertem zur bayerischen Kultur. Hier gibt es viel zu entdecken. Und es lohnt sich, ganz genau hinzuschauen. Denn es sind unterschiedliche Dinge gemeint, wenn man *bairisch* mit i und *bayerisch* mit y schreibt. Was genau, erklären wir gleich im folgenden Kapitel.

Und dann nehmen wir Sie mit auf eine Reise durch die bairische Sprachlandschaft innerhalb Deutschlands, von Bad Tölz bis Tirschenreuth, von Eichstätt bis Passau. Sie werden lernen, welche Dialekte außer Bairisch noch im Freistaat Bayern gesprochen werden und was die Unterschiede zwischen den beiden großen bairischen Sprachräumen Nord- und Mittelbairisch sind. Auch die sprachlichen Besonderheiten des Bairischen möchten wir Ihnen zeigen. Oder wissen Sie etwa, was bairische Kennwörter sind? Außerdem haben wir einige kulinarische Leckerbissen der bairischen Küche im Gepäck, die Sie sich nicht entgehen lassen sollten, wie zum Beispiel die *Weißwuascht* oder den *Steckerlfisch*. Anhand dieser Köstlichkeiten lassen sich ganz wunderbar sprachliche Finessen des Bairischen erklären. Wir stellen Ihnen außerdem interessante bairische Bräuche wie das *Aperschnoizn* und den *Leonhardiritt* vor.

Sprache ist immer ein Spiegel der Zeit, sie bleibt nie stehen und verändert sich ständig. Am bairischen Dialekt kann man gut die Geschichte Bayerns nachverfolgen. Denn Lehnwörter aus anderen Sprachen wie dem Französischen oder dem Italienischen können zeigen, mit wem Bayern im Laufe der Zeit zu tun hatte. Mehr dazu können Sie im Kapitel »Stirbt das Bairische aus?« lesen.

Ein Hinweis vorab zum Aufbau: Das Buch ist wie ein Wörterbuch alphabetisch angelegt. Die Kapitel bauen also nicht aufeinander auf. Sie können das Buch von vorne bis hinten durchlesen oder einfach schmökern und hin und her blättern.

Ein weiterer Hinweis zur Verschriftlichung des Dialekts: Für die Verschriftlichung von Dialekten gibt es keine festen Regeln wie für die Standardsprache. Wenn Sie selbst einen Dialekt sprechen, wissen Sie bestimmt, dass es mitunter gar nicht so einfach ist, im Dialekt zu schreiben. In diesem Buch versuchen wir, das Bairische bestmöglich mit Buchstaben wiederzugeben. Hin und wieder kann es vorkommen, dass Sie sich denken: »Das hätte ich aber anders geschrieben«, und das ist vollkommen in Ordnung so. Besonders wichtig ist hier die Unterscheidung zwischen hellem und dunklem a. Mehr dazu erfahren Sie im Kapitel »Obazda und das bairische A«. Auch bei den fürs Bairische so typischen Zwielauten (ai, äi, ia, oi, ou, ua) spricht man die Vokale schnell hintereinander, wie zum Beispiel bei *Haus* oder *Maus*. Und zu guter Letzt das e: Vor allem, wenn es am Wortende steht, wird es wie das erste e in *Meter* ausgesprochen. Um die Besonderheiten des bairischen Dialekts hervorheben zu können, stellen wir Dialektbeispiele teilweise der Standardsprache gegenüber. Standardsprache verwenden wir für eine Sprechweise ohne regionale Färbung, wie man sie zum Beispiel in der Schule als Schriftsprache erlernt.

Also, auf geht's, *packmas*! Machen Sie sich mit uns auf die Reise durch die bairische Sprach- und Kulturlandschaft.

Milena Gropp, Markus Kunzmann und Juliane Limper

Bay(e)risch versus Bairisch

Vielleicht wundern Sie sich, warum wir in diesem Buch von *Bairisch* und nicht von *Bayerisch* oder *Bayrisch* schreiben. Das hat einen einfachen, aber wichtigen Grund: Mit den unterschiedlichen Schreibweisen sind unterschiedliche Dinge gemeint. Bei der Schreibweise mit y ist alles gemeint, was sich auf den Freistaat Bayern bezieht. Bei der Schreibweise mit i ist der bairische Dialekt gemeint.

Warum ist uns diese Unterscheidung so wichtig? Es macht einen großen Unterschied, ob von politischen oder sprachlichen Grenzen die Rede ist. Die stimmen nämlich nicht ganz überein. Im Freistaat Bayern wird nicht nur Bairisch gesprochen: In Franken spricht man Fränkisch (in der Dialektforschung sagt man dazu Ostfränkisch) und in der Gegend um Aschaffenburg, westlich des Spessarts, Südhessisch. Es gibt ein kleines Gebiet in Bayern, nördlich vom Naturpark Frankenwald im Raum Ludwigsstadt, wo Thüringisch gesprochen wird. Die Gegend zwischen Memmingen und Augsburg im Südosten Bayerns wird zum Schwäbischen gezählt und im West- und Oberallgäu ist Alemannisch der Dialekt der Wahl. Die Sprachenlandschaft in Bayern ist also sehr vielfältig.

Bairisch ist zudem genau genommen nicht nur der Dialekt der Leute in Bayern. Das, was in der

Sprachwissenschaft als Bairisch bezeichnet wird, wird nicht nur in Bayern gesprochen, sondern unter anderem auch in fast ganz Österreich und in Teilen Italiens (hier vor allem in Südtirol). Innerhalb Bayerns wird Bairisch vor allem in der Oberpfalz, in Oberbayern und Niederbayern gesprochen, und als ob das alles nicht schon Vielfalt genug wäre, gibt es innerhalb des Bairischen auch noch erhebliche Unterschiede zwischen Nord-, Mittel- und Südbairisch. Ein kleines Beispiel, um die Unterschiede zu verdeutlichen: Um herauszufinden, aus welchem der bairischen Sprachräume eine Person kommt, könnte man ihn oder sie fragen, wie die weißen Flocken heißen, die im Winter die Landschaft bedecken. Kommt die Person aus dem Nordbairischen, hört man *Schnäi*. Sprechen Sie mit jemandem aus dem Mittelbairischen, wird er oder sie wahrscheinlich *Schnä* sagen. Im Südbairischen hören Sie am ehesten *Schnea*. Bayerisch ist also nicht gleich Bairisch. Aber Bairisch ist auch nicht immer gleich Bairisch. In diesem Buch wird es um das gehen, was in der Wissenschaft als Nordbairisch und Mittelbairisch bezeichnet wird. Das sogenannte Südbairisch, also in erster Linie den Dialekt in Österreich und Südtirol, schauen wir uns hier nicht genauer an.

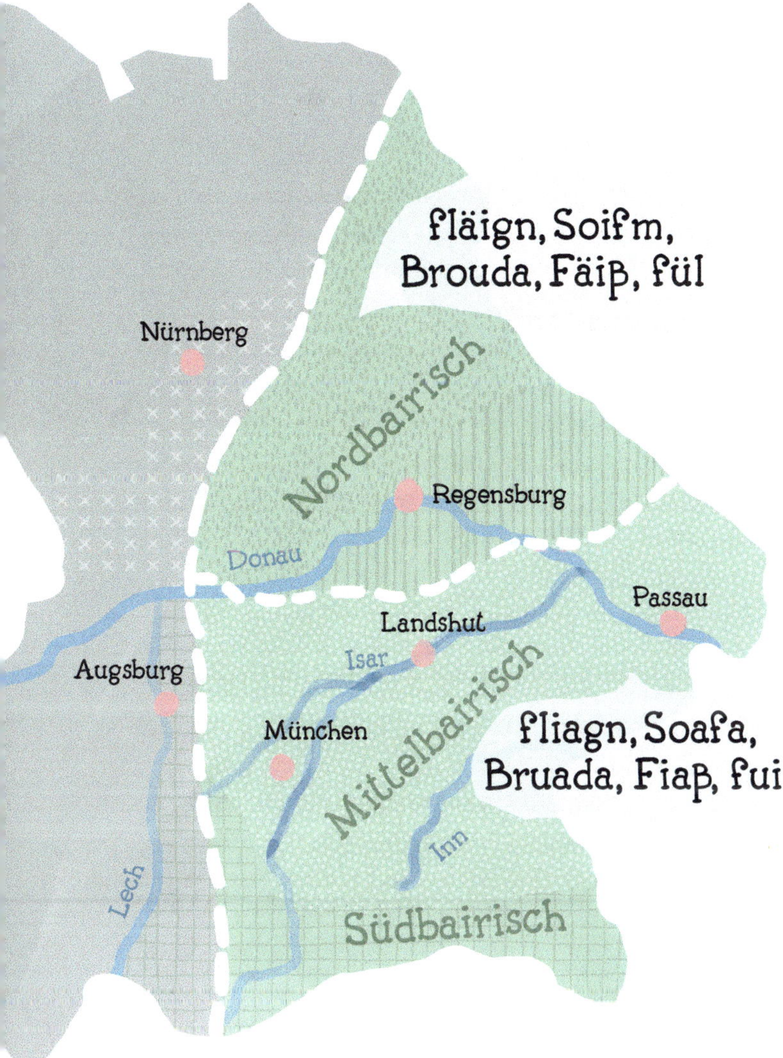

Der bairische Sprachraum in Bayern

Bierkultur in Bayern

Von *Goaßmass* bis *Suri*

Bayern hat – nicht zuletzt bekannt durch das Oktoberfest – eine ausgeprägte Bierkultur mit sehr langer Tradition. Das Reinheitsgebot für Bier, das in Teilen heute noch gilt, wurde bereits am 23. April 1516 auf dem Landständetag zu Ingolstadt erlassen. Es besagt, dass Bier nur aus Gerste, Hopfen und Wasser gebraut werden, also keine weiteren Zutaten enthalten darf. Die sprachlichen Ingredienzien rund ums Bier sind dafür im Bairischen deutlich komplexer. Deswegen stellen wir hier die zentralen Bräu-Vokabeln vor. Vorab ganz wichtig: *Weizenbier* heißt im Bairischen *Weißbier*!

Goaß(n)mass: Beim Wort *Goaß* denkt man direkt an eine *Geiß*, also eine Ziege. Bei der *Goaßmass* handelt es sich aber nicht um eine Mass Ziegenmilch. Vermutlich stammt der Name des Getränks aber wirklich von *Geiß*, denn es wird angenommen, dass er seinen Ursprung in einem süßen Bockbier hat, das im 18. Jahrhundert von Jesuiten gebraut und *Gais* genannt wurde. Bei diesem Mischgetränk werden Bier, Cola und Kirschlikör vermischt. Verwendet wird helles oder dunkles Weißbier. Es scheiden sich die Geister, ob zuerst Bier oder Cola ins Glas eingeschenkt werden muss, aber letztlich kommt in beiden Fällen ein typisch bayerisches Getränk dabei heraus.

Henkelprobe: Mit der Henkelprobe wird die Bieraufnahmefähigkeit scherzhaft getestet. Und das funktioniert so:

Nach der Bestellung einer frischen, vollen Mass muss ohne abzusetzen so viel getrunken werden, dass nichts überschwappt, wenn nach dem Trinken der Masskrug schräg auf dem Henkel aufgestellt wird. Klappt das nicht, ist die Bieraufnahmefähigkeit noch ausbaufähig.

Noagal: Das bairische Wort *Noagal* kommt vom Wort ›Neige‹, denn wenn das Bier zur Neige geht, bleibt ein Neigelein übrig, weil das Glas zum Trinken stark geneigt werden müsste. Diesen schalen letzten Rest am Grunde eines Bierglases oder -kruges mag man nicht mehr so recht trinken und das sollte man auch nicht. Tut man es doch, wird man als *Noagalzuzler* bezeichnet, und das will doch wirklich niemand.

Radler: *Radler* ist inzwischen im ganzen deutschsprachigen Raum unter diesem Namen bekannt. Das Mischgetränk aus Bier und Limonade sorgt dafür, dass uns der Alkohol weniger schnell zu Kopf steigt und wir anschließend wieder gemütlich aufs Radl steigen können. Im Norden Deutschlands kennt man die Mischung auch als *Alster* oder *Alsterwasser*.

Russ: Der *Russ* ist eine Mischung aus Weißbier und Zitronenlimonade. Durch die abgesetzte Hefe sieht das Getränk leicht trüb aus. Es gibt verschiedene Theorien, wo der Name herkommt. Eine häufig genannte lautet: Der Name entstand nach dem Ersten Weltkrieg im Münchner Mathäser-Keller. Hier sollen sich kommunistische Anhänger der Räterepublik getroffen und die Mischung getrunken haben, angeblich, um so den wenigen Biervorrat

Zoiglstern

zu strecken. Da in München die Anhänger der Räterepublik *Russen* genannt wurden, wurde dann auch »ihr« Mischgetränk so genannt.

Suri: Steht jemand beim Oktoberfest nicht mehr ganz so sicher auf der Bierbank, kann man annehmen, die Person hätte *an Suri*. Das bedeutet, einen leichten ›Rausch‹ oder ›Schwips‹. Es wird vermutet, dass das Wort auf das italienische *ammassare* zurückgeht, was so viel wie ›anhäufen‹ bedeutet. Man hat hier also Alkohol zu einem Schwips angehäuft.

Zoigl: Der *Zoigl* ist ein echter Oberpfälzer, denn im Original wird er nur in der Oberpfalz gebraut. Es ist ein untergäriges Bier mit einer sehr langen Brautradition. Diese Tradition wird in den Kommunbrauhäusern, die von den sogenannten brauenden Bürgern finanziert werden, in Eslarn, Falkenberg, Mitterteich, Neuhaus und Windischeschenbach bis heute bewahrt. Als das Braurecht in diesen Orten im 14. und 15. Jahrhundert vergeben wurde, erhielten alle Hausbesitzer das Recht, selbst zu brauen und auszuschenken. Und das ist bis heute so geblieben: Wer brauen und ausschenken möchte, braucht dafür einen Eintrag im Grundbuch. Wo *Zoigl* ausgeschenkt wird, erkennt man auch heute noch am *Zoiglstern*. Er weist den Weg zu einer *Zoiglstube* und sieht mit seinen sechs Ecken und dem Sechseck in der Mitte aus wie ein Davidsstern. Der Name *Zoigl* stammt von der oberpfälzischen Aussprache für das Wort ›zeigen‹, denn wo es diese Bierspezialität gibt, die sogar immaterielles Kulturerbe der UNESCO ist, wird eben auf spezielle Weise angezeigt.

Charivari

Trachten

Im Bairischen gibt es den Spruch »Am Gwand siagt ma, wo ma herkumt und wo ma highert«. Soll heißen: ›An der Kleidung erkennt man, wo man herkommt und wo man hingehört‹. Kleider machen Leute! Es gibt nicht die eine bayerische Tracht, sondern viele regionale Varianten. Wer sich mit den Feinheiten auskennt, kann also wirklich genau zuordnen, wo aus Bayern eine Person in Tracht herkommt, und bei Frauen ist sogar der Beziehungsstatus ablesbar. Beliebte und berühmte regionale Trachten sind zum Beispiel die Miesbacher Tracht, die Chiemgauer Tracht und die Berchtesgadener Tracht, und es gibt noch viele weitere. Sie alle unterscheiden sich in erster Linie in der Farbgebung und der Art der Verzierungen.

Das Wort *Tracht* kommt ursprünglich vom Verb *tragen* und bedeutet so viel wie ›das Tragen‹. Die Kultur rund um Trachten wird nicht nur in Kaufhausketten zum Oktoberfest mit Bayern verbunden, sie wird auch wirklich und ganz original in zahlreichen Trachtenvereinen lebendig gehalten.

Theoretisch könnte man die Tracht jederzeit im Alltag tragen, oft wird sie aber eher zu besonderen Anlässen, die meist der Brauchtumspflege dienen, angelegt. Solche Gelegenheiten sind eigens dafür eingerichtete Trachtenumzüge, aber auch Feste: das traditionelle Aufstellen des Maibaums, die *Leonhardifahrten* oder *-ritte*, das Fischerstechen und natürlich die vielen Prozessionen im katholischen Kirchenjahr, zum Beispiel an Fronleichnam oder am Palmsonntag. Auch bei traditionellen Tänzen wie beim

Miederbluse
Schleife der
Dirndlschürze
Kleid
Schürze

Hosenträger
mit Brustlatz
Janker
Charivari
Krachlederne
Haferlschuhe

Schuhplattln und *Dirndldrahn* darf die Tracht nicht fehlen. Was an diesen Bräuchen außer der Tracht noch interessant ist, können Sie im Kapitel »Von Aperschnoizn bis Schuhplattln« nachlesen. Bei Staatsempfängen wird ebenfalls gerne Tracht getragen und bei Hochzeiten erfreuen sich Trachten seit einigen Jahren wieder immer größerer Beliebtheit.

Die traditionelle Tracht für Frauen ist das *Dirndl*. Ihr Ursprung liegt in den Sommerkleidern des 19. Jahrhunderts. Ein *Dirndl* besteht mindestens aus zwei Teilen, dem Kleid und der Schürze. Meistens trägt frau unter dem eng geschnürten und häufig reich verzierten Mieder außerdem noch eine Miederbluse. Oft gehört auch ein Trachtenhut dazu, der mit Federn geschmückt ist. Üblicherweise wird über die Art, die Schleife der Dirndlschürze zu binden, etwas über den Beziehungsstatus der Trägerin verraten: Wird die Schleife rechts gebunden, ist die Trägerin vergeben. Wird die Schleife links gebunden, ist die Trägerin Single. Wenn sich die Schleife hinten befindet, ist die Trägerin entweder verwitwet oder es handelt sich bei größeren Festen wie der Wiesn um eine der Kellnerinnen.

Die Tracht für Männer entspringt vor allem der im 19. Jahrhundert üblichen Kleidung der Waldarbeiter und Jäger. Sie umfasst die Lederhose, die auch *Krachlederne* genannt wird, ein Hemd, das meist aus Baumwolle oder Leinen besteht, Strickstrümpfe und die sogenannten *Haferlschuhe*. Das Wort *Krachlederne* kommt wahrscheinlich vom *Schuhplattln*. Denn hierbei schlagen sich die Männer mit den Händen so auf die Oberschenkel, dass es ganz schön knallt. Meistens sind die Hosen aus Hirsch- oder Gamsleder. Das Wort *Haferlschuhe* ist vermutlich aus dem Englischen vom Ausdruck ›half shoe‹ abgeleitet, als Gegensatz zu den sonst üblichen Stiefeln. Wenn es kälter ist, kann das Outfit durch einen *Janker*, also eine Trachtenjacke, ergänzt werden. Oft hat die Lederhose zusätzliche Hosenträger, die es in zwei Varianten gibt: mit oder ohne Brustlatz. Der Hosenlatz der Lederhose ist meist aufwendig verziert und wird in der Regel geknöpft. Auch bei den Männern komplettiert häufig ein mit Federn oder einem Gamsbart geschmückter Hut die Tracht. Das *Charivari*, Namensgeber für dieses Kapitel, ist ein zierendes Detail der Tracht: Traditionell ist es eine silberne Kette, die mit Anhängern verziert ist und meist am Hosenlatz getragen wird. Bei Jägern wurde hierdurch angezeigt, welche Beute schon erlegt worden ist, sodass am *Charivari* unter anderem Geweihstücke, Tierzähne und Tierhaare baumelten, aber auch Talismane. In den moderneren Varianten sind *Charivaris* meist mit Nachbildungen der Jagdtrophäen oder ausschließlich mit Silbermünzen geschmückt. Das Wort *Charivari* kommt übrigens aus dem Französischen und bedeutet hier in etwa ›Lärm‹ oder ›Radau‹. Im Deutschen bedeutet es davon abgeleitet so viel wie ›Katzenmusik‹, aber auch ›Durcheinander‹. Auch wenn das Wort *Schürzenjäger* oft mit Bayern in Verbindung gebracht wird, wurden Dirndlstücke noch nicht am *Charivari* gesichtet.

Einer der berühmtesten Trachtenträger dürfte Luitpold von Bayern gewesen sein, der Nachfolger Ludwigs II. Bei der Jagd trug er gerne und häufig kurze Lederhosen.

Der/die/das Butter?

Artikel

Auch im bairischen Dialekt gibt es drei grammatische Geschlechter, die durch bestimmte Artikel angezeigt werden. Die Artikel sehen aber etwas anders aus als im Standarddeutschen:

da Hund = der Hund

d'Katz = die Katze

as Bia = das Bier

Meist haben die Wörter im Bairischen dasselbe Geschlecht, wie wir es vom Standarddeutschen gewohnt sind. Es gibt allerdings einige Ausnahmen:

Statt *die* Butter gereicht zu bekommen, bekommt man in Bayern *den Butter*. Auf dem Frühstückstisch steht nicht *die* Johannisbeermarmelade, sondern dort steht *das Ribislmamalad*. Und statt *die* Petersilie über die Semmelknödel zu streuen, werden sie mit *dem Petersil* garniert. Um Musik zu hören, schaltet man auch nicht *das* Radio an, sondern *den Radio*.

Im Bairischen kommen Artikel außerdem insgesamt viel häufiger vor, zum Beispiel wird gerne vor Personennamen ein Artikel verwendet. Es heißt also nicht ›Felix und Anna kommen heute‹, sondern »Da Felix und d'Anna keman haid«.

Ertag und Pfingstag

Bairische Kennwörter

Es gibt Wörter, die man nur in den bairischen Dialekträumen findet oder gefunden hat. Früher hat die Sprachwissenschaft mit diesen sogenannten bairischen Kennwörtern versucht, das Bairische von Nachbardialekten abzugrenzen. Viele dieser Kennwörter sind heute allerdings aus dem Wortschatz der Dialektsprechenden verschwunden.

Einzigartig bairische Wörter sind beispielsweise die Wochentagsnamen für Dienstag und Donnerstag. Der

Dienstag heißt im Bairischen *Ertag* oder *Erchtag*. Der *Ertag* wurde nach dem griechischen Kriegsgott Ares benannt. Das römische Pendant zu Ares ist der Kriegsgott Mars, daher heißt der Dienstag im Französischen *mardi* und im Spanischen *martes*. Die Aussprache des Kennwortes kann je nach Region variieren, von *Iada* im Bayerischen Wald über *Eachda* in Eichstätt bis hin zu *Joschda* in Berchtesgaden.

Während der Begriff *Donnerstag* auf den germanischen Wettergott Donar zurückgeht, ist das bairische Wort *Pfinztag* beziehungsweise *Pfingstag* griechischer Abstammung: Es hat seinen Ursprung bei *pémpté hēméra*, was ›fünfter Tag‹ bedeutet. Beginnt man nämlich die Woche mit dem Sonntag, ist der *Pfinztag* – meist wird er *Pfinsda* ausgesprochen – der fünfte Tag der Woche. Eng verwandt ist der *Pfinztag*, wie Sie wahrscheinlich schon vermutet haben, mit Pfingsten, das sich vom griechischen *pentēkostē hēméra* ableitet und übersetzt ›fünfzigster Tag‹ heißt.

Ein uraltes germanisches Wort, das nur in den bairischen Dialekten bewahrt wurde, ist *deng*. Es bedeutet ›links‹ oder ›linksseitig‹. Ist jemand Linkshänder, kann er ein *Denka* oder ein *Dengadatz* sein. *Datz* ist dabei die bairische Aussprache vom Wort ›Tatze‹.

Bairische Kennwörter, die heute noch verbreitet sind, sind die Pronomen *es* und *enk* für ›ihr‹ und ›euch‹. Im Bairischen hört man statt ›Wie geht's euch?‹ »Wia gäds enk?« oder statt ›Ihr seid freundlich‹ »Es seids freinddle«. Hier fällt noch eine Besonderheit auf: Es hat Auswirkungen auf die Grammatik. Im mittelalterlichen Bairischen hieß es nämlich *seid es*. Die zu s reduzierte Form von *es* hat sich im Laufe der Jahrhunderte an die Endung des Verbs geklebt (*seid + s*) und ist mit ihr verschmolzen. Möchte man die

Auf den Mittwoch folgt der Pfingstag

Person betonen, kommt das *es* zusätzlich vor das Verb: »Es seids narrisch!« (›Ihr seid verrückt!‹) Stellt man den Satz um, kann das *es* auch wegfallen, da die Person schon am Verb zu erkennen ist: »Seids (es) narrisch?« (›Seid ihr verrückt?‹)

Familienbande

Wer nennt wen wie?

Griaß Eana! Ich bin die Maria. Sehen Sie mich, wenn sie einmal umblättern, im Stammbaum? Ich will Ihnen einmal meine Familie vorstellen und dabei erzählen, was wir für besondere Wörter für die verschiedenen Familienmitglieder im Bairischen haben.

Die Elisabeth und der Franz, das sind meine Eltern. Bevor mein Bruder Peter und ich geboren wurden, haben sie geheiratet. Im Bairischen sind die beiden *Mo* und *Wai(b)*, also ›Mann‹ und ›Frau‹. Das standarddeutsche *Mann* wird auf Bairisch mit einem dunklen a, das fast schon wie ein o klingt, gesprochen und das n fällt dabei aus. Das Wort *Weib*, das im Standarddeutschen eher abwertend klingt oder gerade noch scherzhaft verwendet wird, ist im Dialekt so aber nicht gemeint! Der Peter und ich, wir sagen *Mama* und *Bapa* zu unseren Eltern, mit relativ deutlicher Betonung auf der ersten Silbe und hellem a. Das erste p im Wort ›Papa‹ wird weich ausgesprochen, also eher wie ein b. Die *Mama* ist im Bairischen manchmal aber auch einfach nur die *Mam*. Selten wird mit diesem Wort die Groß- oder Schwiegermutter angesprochen. Und auch den *Bapa* gibt es im Bairischen in kürzer: den *Bap*.

Ganz oben im Stammbaum stehen meine Großeltern, die Eltern vom *Bapa*. Die nennen der Peter und ich *Oma* und *Opa*, so wie es die meisten Leute auch im Standarddeutschen machen. Manche Kinder nennen ihre Großeltern auch *Großmama* und *Großpapa*. Das finde ich aber ein bisschen altmodisch und lang.

Neben mir im Stammbaum sehen Sie meinen Bruder Peter. Der Peter ist ein *Bua* (›Bub‹) und ich bin ein *Madl* (›Mädchen‹). Bei *Madl* handelt es sich eigentlich bereits um eine Verniedlichung des mittelalterlichen Wortes *Maget*. Dieses Wort ist aber so stark in den alltäglichen Sprachgebrauch integriert und fällt gar nicht mehr so als Verkleinerung auf, dass man das *Madl* auch noch zu einem *Maderl* weiter verniedlichen kann, wenn man will. Hier wird immer das helle a gesprochen. Bei dem Wort *Bua* ist nicht ganz klar, woher es genau kommt. Es könnte sich um eine kindersprachliche Verkürzung des Wortes *Bruder* (nordbairisch übrigens *Brouda*) handeln oder aus dem Lateinischen stammen. Auch der *Bua* kann noch verniedlicht werden, zu *Buali* oder *Buale*. Bei der Mehrzahl gibt es regionale Unterschiede: Im Mittelbairischen sagt man die *Buam*, im Nordbairischen die *Boum*.

Wir haben auch eine Tante und einen Onkel. Tante Lisa ist die Schwester vom *Bapa*, Onkel Josef ist ihr Mann. Tante Lisa war meine Taufpatin, aber daran erinnere ich mich nicht mehr. Onkel Josef war der Taufpate vom Peter. Für Tauf- und Firmenpaten gibt es im Bairischen zwei Wörter mit unterschiedlichen Schreib- und Ausspracheformen. Den Taufpaten findet man geschrieben zum Beispiel als *Göd* oder *Göt*. Ein ö wird im Bairischen meistens als e ausgesprochen: *Ged*. Manchmal hört man Formen wie *Got* oder *Got(e)l*. Die weibliche Form ist die *God* oder die *Goden*. Bei der Aussprache von *Goden* fallen oft das d und das e aus, sodass man auch Formen wie *Gon* hören kann. Wo genau das Wort herkommt, ist nicht ganz klar. Möglicherweise stammt es aus dem Altnordischen, wo es das Wort *gođe* gab, das so viel wie ›Priester‹ beziehungsweise ›der zu

Opa: Opa
Oma: Oma
Vater: Bap
Franz
Mutter: Mam
Elisabeth
Onkel: Göd
Josef
Tante: Goden
Lisa
Peter: Brouda
Peter
Maria:
Maria
Cousin: Vetter
Maximilian
Cousine:
Base Helene

Gott Gehörige‹ hieß. Vermutlich war dieses Wort bereits zu heidnischer Zeit eine Bezeichnung für eine Person, die die Eltern ersetzt oder sich zusätzlich zu den Eltern um das Kind kümmerte. Eine deutliche Verwandtschaft erkennt man hier zu den englischen Bezeichnungen für die Taufpaten: *godfather* und *godmother*. Und wo wir schon bei unserem *Göd* und unserer *Goden* sind: Die beiden haben Kinder, den Maximilian und die Helene. Im Standarddeutschen sind die Kinder von Onkeln und Tanten Cousins und Cousinen. Im Bairischen hört man hierfür hin und wieder noch die alten bairischen Begriffe: *Base* für Cousine und *Vetter* für Cousin. Die Base kann auch verniedlicht werden zum *Basl*. Beide Wörter kann man auch für andere, entferntere Verwandte verwenden.

Sie sehen also: Verwandtschaftsbeziehungen sind auch im Bairischen ganz schön kompliziert.

G wie *Knödel*

Bairisch weich

Die bayerische Küche hat so einiges Gutes zu bieten: *Obadzen, Reiberdatschi, Weißwurst* und vieles mehr. Auch Knödel sind für viele nicht von der bayerischen Speisekarte wegzudenken. Besonders beliebt sind bayerische Semmelknödel.

Für Semmelknödel werden *Semmeln* (›Brötchen‹) vom Vortag in Milch eingeweicht und mit angebratenen

Zwiebeln, Eiern, Petersilie und weiteren Gewürzen zu einem Teig vermengt. Der wird dann zu Kugeln geformt, die anschließend in heißem Wasser gegart werden. Achtung, es darf nicht kochen, sonst gelingt es nicht! Die Knödel machen sich klassisch gut als Beilage zum Schweinsbraten.

Auch sprachlich ist das Gericht eine typisch bairische Spezialität: Sie zeigt sich in der Aussprache als *Gneedl*. Denn bairische Sprecherinnen und Sprecher mögen den Anfang von Wörtern gerne genauso weich wie eben ihre *Gneedl*. Das heißt, sie sprechen Wörter, die im Standarddeutschen mit den harten Lauten p, t und k anfangen, mit den weicheren Lauten b, d und g aus. Deshalb kocht man im Bairischen *gloane Gneedl* anstatt ›kleine Knödel‹ und hofft, dass sie nicht zu *druga* oder *drugn* (›trocken‹) werden. Um das zu überprüfen, wird *browiat* (›probiert‹). Bei ›probieren‹ zeigt sich eine weitere Besonderheit des Bairischen: ein b, das zwischen zwei Vokalen steht, wird häufig als w ausgesprochen, wie zum Beispiel im Satz »I how an Gneedl prowiert« (›Ich habe einen Knödel probiert‹).

Was mit dem ö im Wort *Knödel* passiert ist, können Sie bei U wie Umlaut nachlesen.

Gell, du bist fei a Netta

Füllwörter

Füllwörter gibt es wie Kiesel in der Isar. Sie sind eine feine Sache, denn sie können viele Funktionen haben und dem Gesagten eine ganz andere Note geben. Eine Auswahl der schönsten dieser kleinen Wörtchen im Bairischen stellen wir Ihnen hier vor.

A geh: Ist nicht zu verwechseln mit *ge/gell*, denn es hat eine ganz andere Bedeutung. Aus dem Kontext lässt sich aber immer erschließen, was von beidem gemeint ist. Mit *a geh* wird meistens abgewertet, was das Gegenüber gesagt hat oder zumindest ein ungläubiges Staunen ausgedrückt. Wenn jemand behauptet: »I hob gestan aufm Gaibonfest zehn Gickal gessn!« (›Ich habe gestern auf dem Gäubodenfest zehn Hähnchen gegessen‹), signalisiert *a geh*, dass man nicht ganz einverstanden ist oder der Aussage nicht ganz glaubt. Denn das schafft ja wohl niemand. Übersetzt werden kann es in solchen Zusammenhängen mit ›bitte‹, ›wirklich‹ oder ›tatsächlich‹. Meistens spricht man das a dann höher aus als das *geh* und das *geh* ist ziemlich kurz, mit ganz kurzem e. Mit *a geh* kann aber auch Ärger oder Unmut ausgedrückt werden, zum Beispiel in »A geh, wos is jetz des?«, wenn beispielsweise der Drucker mal wieder streikt oder einem der Zug vor der Nase wegfährt. Im Ärger spricht man das *geh* dann meistens etwas länger.

Fei: Dieses kleine Wörtchen gibt es nicht nur im Bairischen, sondern auch im Fränkischen. Schon viele

Sprachwissenschaftlerinnen und Sprachwissenschaftler haben sich über *fei* den Kopf zerbrochen, denn es ist nicht wirklich möglich, es vollständig ins Standarddeutsche zu übersetzen. Deshalb ist es für Zugereiste auch nicht so leicht, *fei* an der richtigen Stelle zu verwenden. Seine Einsatzmöglichkeiten sind einfach so vielfältig und dass es *fei* im Standarddeuschen nicht gibt, erschwert die Sache. Hier kommt dann das natürliche Sprachgefühl für den Dialekt ins Spiel, das man nur vollkommen hat, wenn man mit dem Dialekt aufgewachsen ist. Ganz grob kann man sagen, dass *fei* so etwas wie ›übrigens‹, ›wirklich‹, ›wohl‹ oder ›doch‹ bedeutet, je nach Kontext.

Oft hat *fei* etwas Bekräftigendes an sich: »Du bist fei a Netta« heißt in etwa so viel wie ›Du bist wirklich ein Netter‹ oder ›Du bist ein ziemlich Netter‹. Meistens wird *fei* verwendet, wenn das Gesagte noch nicht besprochen wurde, also neu für die Zuhörenden ist. Auch in Aufforderungen ist *fei* häufig anzutreffen: »Komm fei net, wennst net mogst« oder »Den Kaffee holst da fei selwa!« Hier kann ein bestimmender, manchmal leicht aggressiver Ton mitschwingen. Im Sinne von ›wirklich‹ oder ›wohl‹ kommt *fei* auch in Sätzen wie »Des kannst fei glaum« vor. Man bekräftigt also, dass das Gesagte stimmt. In Sätzen wie »Wos mochst mit dem Radl, des kheat fei mia!« (›Was machst du mit dem Fahrrad, das gehört übrigens mir!‹) wird *fei* auch nach dem Motto ›Falls du es noch nicht wusstest‹ verwendet.

Und sogar in der Musik hat es das Wörtchen weit gebracht, denn in einem Kanon, der Mozart zugeschrieben wird, heißt es »Leck mir den Arsch fein schön sauber«. In der Partitur wird es »fein« geschrieben. Das ist ein guter Hinweis darauf, dass *fei* von *fein* stammt.

Ge/Gell: *Fei* ist schon ein interessantes Wort, *ge*? Mit dem Wörtchen *ge* oder *gell* erfragt man sich in der Regel Zustimmung vom Gegenüber, wenn man annimmt, dass sich alle einig sind. In der deutschen Sprachlandschaft gibt es hierfür verschiedene Formen wie *ne*, *wa*, oder das seltene *woll*. Alle können in etwa mit ›Nicht wahr?‹ übersetzt werden. Es gibt für *ge/gell* verschiedene Aussprachevarianten. Im Bairischen in Deutschland hört man meist *gä*, *gäi*, *gäll* oder *göll*, in Österreich kommen auch Formen wie *gö* vor. Hiermit fordert man sein Gegenüber auf, das Gesagte im Idealfall zu bestätigen oder zur Not zu verneinen.

Halt: Das Wörtchen *halt* kommt nicht nur im bairischen Sprachraum vor, es wird hier aber häufiger verwendet als in den anderen deutschen Sprachlandschaften. Es wird genutzt, wenn man eine Aussage mit einigermaßen allgemeingültigem Inhalt trifft, und kommt häufig bei Begründungen oder Rechtfertigungen zum Einsatz. Auf die Frage »Worum bist denn so staad?« (›Warum bist du denn so still?‹) wäre in der Oberpfalz »I bin hold mäid« (›Ich bin halt müde‹) eine passende Antwort.

Mei: Meistens handelt es sich bei *mei* um einen Ausruf, mit dem Mitgefühl und Erstaunen oder auch Freude ausgedrückt wird. Mitgefühl zeigt sich in einem Satz wie »Mei, du Arme, konn i da helfen?«. »Mei, des is ja wos, des hob I ma net docht« zeigt deutliches Erstaunen. Und wenn man sich einfach nur freut, ist »Mei, des is schee« der passende Ausdruck. Aber auch bei Enttäuschung lässt sich *mei* verwenden: »Mei, jetz is kaputt«. Und mit der einfachen Äußerung *Ja mei* lässt sich eine leichte Resignation à la ›Was soll's‹ oder

›Da kann man ohnehin nichts machen‹ ausdrücken. In allen Bedeutungsvarianten hat *mei* dann meistens noch eine leicht andere Intonation, durch die das Wörtchen erst die im Kontext passende emotionale Bedeutung annimmt.

Grüß Erna?

Grüßen auf Bairisch

Grüße im Dialekt machen unmissverständlich klar, wo man ist und mit wem man es zu tun hat. *Servus, Pfiatde, Griaßgod.* Das klingt nach Bayern! Für Zugereiste ist es aber nicht immer ganz einfach, bei den vielen Varianten durchzublicken. Wie gut muss man sich für *Griaßde* kennen und woher kommt *Dere*? Wir klären auf.

Fangen wir bei den Leuten an, die man wirklich gut kennt, zum Beispiel Freunde oder Familienangehörige. Hier ist *Griaßde* (das *e* am Ende des Wortes wie das e in *See* gesprochen) einfach nur die dialektale Form von ›Grüß Dich‹. Daneben gibt es auch das allseits bekannte *Servus*. Man verwendet es sowohl zur Begrüßung als auch zum Abschied. *Servus* ist ein wenig allgemeiner, man kann es zum Beispiel in den Situationen verwenden, in denen man auch *Hallo* sagen könnte. Zwar ist *Servus* lateinisch und steht wortlich für ›Sklave‹, aber das sollte man nicht als Beleidigung sehen. Vielmehr bedeutet es so viel wie ›zu Ihren Diensten‹ und ist somit eine respektvolle Begrüßung. Ein direktes Erbe der Römer? Wahrscheinlich nicht.

Vermutlich stammt *Servus* aus den Ländern der einstigen Donaumonarchie, wo das Wort neben Österreich auch noch in weiteren Ländern in Gebrauch ist, zum Beispiel in Tschechien, der Slowakei oder in Ungarn. Von dort gelangte es wohl Mitte des 20. Jahrhunderts in den südlichen deutschen Sprachraum.

Auch das etwas angestaubt anmutende *Habedere* (›Habe die Ehre‹) lässt sich als Begrüßung und Verabschiedung verwenden. Früher grüßten so vornehmlich ältere Herren, und es war in erster Linie eine höfliche Form, heute ist das aber nicht mehr so. Auch Frauen verwenden es und meist schwingt bei der Begrüßung etwas scherzhaft Altmodisches mit. Die Form *Dere* ist die jüngste Abwandlung davon.

Wer die Freunde mit *Griaßde* begrüßt, verabschiedet sich freundschaftlich mit *Pfiatde*. Das ia und das e wird dabei kurz ausgesprochen. Mit ein paar sprachgeschichtlichen Infos kann man herleiten, wo dieses kaum erkennbare Wort herkommt. Würde man den Gruß wörtlich ins Standarddeutsche übersetzen, würde es ›Behüte dich Gott!‹ bedeuten. Dort, wo man im Standarddeutschen ein ü spricht, wird im Bairischen oft ein ia gesprochen. Das Wort *hüten* wird also zu *hiatn*. Weil aber auch das e oft weggelassen wird, wurde aus *behüten* eben *bhiatn*. Wenn Sie noch *di* (also ›dich‹) dahinter setzen, wird so etwas wie *bhiatde* daraus.

Und nun ein kleines praktisches Experiment: Sprechen Sie *bhiatde* schnell und oft hintereinander aus. Manchmal hört es sich fast wie pf an. Und was ist dabei mit *Gott* passiert? Der Einfachheit halber hat man auf ihn verzichtet. Zumindest auf das Wort. Und so wurde aus Sprechfaulheit Jahrhunderte später *Pfiatde* daraus.

Habedere

Auch die förmlicheren Grußmöglichkeiten im Bairischen sind bemerkenswert, weniger wegen der Aussprache, sondern eher wegen der besonders höflichen Grammatik: Hier hört man oft *Griaß* und dann etwas, das klingt wie *Erna*. Manche Nicht-Bairisch-Sprechende fragen sich, wer denn wohl diese Erna sein könnte und weshalb ihr so viele Grüße bestellt werden. In Wahrheit ist das kein Vorname, sondern die bairische Form von *Ihnen*. Denn im Bairischen grüßt man im Gegensatz zum Standarddeutschen nicht jemanden, sondern jemandem, also im Dativ. Ähnlich ist es zum Beispiel bei Wörtern wie *bitten*: »Kannst du eam bitten« (›Kannst du ihn bitten‹), *rufen* »I hob eam ogruafa« (›Ich habe ihn angerufen‹), *fragen* »Frogst eam sicherheitshoiba no« (›Fragst du ihn sicherheitshalber noch‹). Also heißt es im Dialekt *Griaß Eana*, wörtlich übersetzt wäre das ›Grüß Ihnen‹. Beim Abschied heißt es entsprechend *Pfiadt Eana*.

Gott fällt zwar beim *Pfiatde* raus, geht aber beim bairischen Grüßen keineswegs ganz verloren. Nicht nur im Bairischen, sondern im gesamten südlichen deutschsprachigen Raum ist *Grüß Gott* eine der gängigsten höflichen Begrüßungen. Es kommt in unterschiedlichsten Varianten vor, zum Beispiel *Griaßgod* oder *Griaßdegod,* und auch das *Grüezi* in der Schweiz kann man darauf zurückführen.

Segenswünsche als Grußformel gibt es in vielen Gegenden der Welt. Auch im Irischen, also der keltischen Sprache in Irland, begrüßt man sich mit *go mbeannaighe Dia dhuit*, was so viel heißt wie ›Gott segne/grüße Dich‹. Lange Zeit dachte man deshalb, dass *Grüß Gott* auf iroschottische Mönche zurückgeht, die seit dem 7. Jahrhundert den heute südlichen deutschen Sprachraum missioniert hatten. Man dachte, dass die dort ansässige Bevölkerung den Gruß in die eigenen Sprache übernommen hatte. Eine schöne Geschichte, jedoch leider wohl historisch nicht haltbar, denn der Gruß wurde leider erst 500 Jahre später belegt.

Gschbusi, Obandln und *Schbeanzln*

Bairische Liebschaften

Die Liebe, oder bairisch *d'Liab*, kann man als ein starkes *Gfui* (›Gefühl‹) der Zuneigung definieren. Das Bairische hat seinen ganz eigenen Wortschatz rund um das Thema Liebe. Einige ausgewählte Wörter möchten wir Ihnen mit einer kurzen Liebesgeschichte näherbringen:

Da Flore (Kurzform von Florian) und *d'Leni* (Verniedlichung von Lena) lernen sich auf einem *Kirta* (dem größten Fest im ganzen Jahr) kennen. Dort kommen sie sich näher und *bandln o* (›flirten‹). Zur Verabschiedung sagt d'Leni: »I daad di gean wida säng.« (›Ich täte dich gern wieder sehen.‹) Früher wäre da Flore daher mit einer *Loada* (›Leiter‹) zum Haus seiner Angebeteten aufgebrochen und hätte an ihr Fenster geklopft. Das *Fenstaln* war in Zeiten strenger elterlicher Regeln fast die einzige Möglichkeit für verliebte Paare, sich kennenzulernen. Heute können sich da Flore und d'Leni ganz einfach im Biergarten verabreden. Auch dort *schbeanzln* (›turteln‹) die beiden und *fuaßln* unter dem Tisch. Zur Verabschiedung gibt es ein *Busserl* oder *Bussi* (›Kuss‹). D'Leni fragt: »Mogst mit mia hoamgeh?« (›Magst du mit mir heimgehen?‹) Also begleitet da Flore d'Leni nach Hause. Dort verbringen sie ein paar romantische Stunden und *schnacksln* (›haben Sex‹).

Ein paar Verabredungen später treffen sich die Turteltauben auf einem *Duit* (›Jahrmarkt‹).

Die berühmten drei Wörter ›Ich liebe dich‹ gibt es eigentlich so im Bairischen nicht. Stattdessen sagt da Flore: »I mog di« (›Ich mag dich‹) und schenkt seinem *Gschbusi* ein Lebkuchenherz. Das *Gschbusi*, das vom italienischen Wort *sposo* (›Bräutigam‹) abstammt, kann nicht nur der oder die Liebste sein, sondern bezeichnet auch eine Liebschaft. Man könnte also feststellen, dass »da Flore und d'Leni a Gschbusi hom«. Handelt es sich um keine allzu ernste Liebesbeziehung, verwenden Außenstehende gerne die Begriffe *Dschamsdara* und *Madschagal* für den jeweiligen Partner: »Des is d'Leni ia Dschamsdara« (›Das ist Lenas Liebhaber‹) und »Des is an Flore sei Madschagal« (›Das ist Florians Geliebte‹).

Bei der Wahl der Kosenamen fällt die Entscheidung unseres Liebespaars auf das im Bairischen überaus beliebte *Schbotzl* (›Spatz‹).

Lebkuchenherz für das Gschbusi

Guat docht, guat gmocht

Verschwundene Vorsilben

Vielleicht ist Ihnen schon mal aufgefallen, dass die Vorsilbe ge- in Wörtern wie *gedacht*, *gekannt und getan* im Bairischen einfach fehlt. So zum Beispiel in dem Satz: »I hob ma docht, du hast nix do.« (›Ich hab mir gedacht, du hast nix getan.‹)

Manchmal ist das g noch übrig und nur das e fehlt, zum Beispiel in Wörtern wie ›gemacht‹ oder ›gefallen‹, so wie in einer Antwort auf den Satz von oben: »Doch, I hob wos gmocht« (›Doch, ich habe etwas gemacht‹). Aber wann fällt das ge- vollständig weg und wann nur das e? Hierfür gibt es eine einfache Regel: Wenn auf das ge- die Verschlusslaute p, t, k und b, d, g folgen, fällt die komplette Silbe ge- weg. Das zeigen diese Beispiele: Aus dem Standarddeutschen ›gepackt‹ wird im Bairischen *bogt*, aus ›getragen‹ wird *drong*, aus ›gekauft‹ wird *kauft*, aus ›gebracht‹ wird *brocht*, aus ›gedacht‹ wird *docht* und aus ›gegeben‹ wird *ge(b)m*. Bei allen anderen Buchstaben fällt nur das e weg, wie zum Beispiel bei ›gemacht‹ – *gmocht*, ›gefallen‹ – *gfolln*, ›gelacht‹ – *glocht*. Auch in dem bekannten bairischen Gericht *Obazda* »versteckt« sich so ein Ausfall der Vorsilbe ge-. Denn auf Standarddeutsch handelt es sich hierbei um einen ›Angebatzten‹. Mehr Interessantes zu dieser bayerischen Spezialität können Sie im Beitrag zu *Obazda* nachlesen.

»Homs dia ins Hian einegschissn?«

Bairisch in den Medien

Im Bayerischen Rundfunkgesetz ist verankert, dass der Bayerische Rundfunk der Eigenart Bayerns gerecht werden soll und hierzu gehört natürlich auch, dass die Dialekte zu hören sind. Und wer schon einmal eine Folge »Dahoam is Dahoam« geschaut hat, weiß: Im BR ist auf jeden Fall Bairisches zu hören. Schauen wir aber etwas genauer hin:

Das Bairisch, das in den Medien verwendet wird, ist oft nicht der ganz tiefe bairische Dialekt. Das hat folgenden simplen Grund: Den Menschen, die Serien oder Filme produzieren, ist wichtig, dass sich möglichst viele Leute ihr Werk anschauen. Deshalb wird in den meisten Serien und Filmen darauf verzichtet, »tiefsten« bairischen Dialekt zu verwenden, der unter Umständen unverständlich sein könnte. Ein Beispiel liefert die Krimikomödie »Leberkäsjunkie« um den Polizisten Franz Eberhofer: Franz will seine Ex-Freundin Susi davon überzeugen, dass sie sich auf ihn verlassen kann, und sagt: »Ja freile, Susi, wonn host du dich schonmal nicht auf mich vealassn kenna?« In tieferem Bairisch hätte der Satz etwa so geklungen: »Ja freile, Susi wonn hostdi schomoi net auf mi valossn kenna?« Gar nicht so leicht zu verstehen. Vielleicht war es auch mitunter die sprachliche Zugänglichkeit, die dem Film den Publikumspreis des Bayerischen Filmpreis beschert hat. Ein ganz anderer Fall ist der Film »Wer früher stirbt, ist länger tot«. In diesem Film sprechen die Figuren einen ausgeprägteren mittelbairischen Dialekt. Auf der DVD kann man den Film deshalb sogar mit deutschen Untertiteln schauen, die das Gesagte aber zum Teil etwas verkürzen müssen. So wird die Aussage »Des is, weil koa Muatta net do is« mit ›Das ist bloß, weil keine Mutter da ist‹ untertitelt. Die typisch bairische und so charmante doppelte Verneinung lässt sich eben nicht gut übertragen.

Das meiste Bairisch, das man in den bundesdeutschen Medien hört, ist eher Mittelbairisch, also das, was in Ober- und Niederbayern gesprochen wird. Auch bei »Wer früher stirbt, ist länger tot« heißt es zum Beispiel »Wos veaziagstn du dei Gsicht aso? Is scho guat, Waschti« (›Was verziehst denn du dein Gesicht so? Ist schon gut, Basti‹). An den Diphthongen in den Wörtern *veaziagst* (›verziehst‹) und *guat* (›gut‹) erkennt man eindeutig, dass es sich um den mittelbairischen Dialekt handelt, denn im Nordbairischen würden die Wörter *veazäigst* und *gout* ausgesprochen. Dass man mehr Mittelbairisch hört, hängt zum großen Teil auch mit den Schauplätzen der Sendungen und Filme zusammen, so spielt die BR-Serie »Dahoam is Dahoam« in einem fiktiven Ort, der südlich von München liegen soll, und auch der Film »Wer früher stirbt, ist länger tot« ist in der Gegend um Rosenheim angesiedelt, genauso wie natürlich »Die Rosenheim-Cops«. Das Nordbairische, das in der Oberpfalz gesprochen wird und deshalb auch als Oberpfälzisch bezeichnet wird, hört man im Fernsehen kaum. Wie das Oberpfälzische klingt, können Sie im Kapitel »Nordbairisch versus Mittelbairisch« nachlesen. Die Katze beißt sich hier etwas in den Schwanz: Das Oberpfälzische ist weniger bekannt, weil es in den Medien unterrepräsentiert ist. Und weil man es in den Medien kaum hört, wird es auch nicht bekannter. Das mag auch damit zusammenhängen, dass der mittelbairische Dialekt innerhalb des bairischen Sprachraums tendenziell ein höheres Ansehen hat als das Oberpfälzische, das als ländlicher und *gscherter* angesehen wird. Dabei spielt eine Rolle, dass die Landeshauptstadt München im mittelbairischen Sprachraum gelegen ist, aber auch, dass der Hauptsitz des BRs in München liegt und deshalb Aufnahmen eher in der näheren Umgebung Münchens gedreht werden.

Aber egal, ob tiefster Dialekt oder nicht und auch ob Mittelbairisch oder Oberpfälzisch, Spaß machen Filme und Serien mit bairischem Einschlag allemal.

Höflichkeit im Bairischen

I waar dann soweit

»Mögen hätt ich schon wollen, aber dürfen hab ich mich nicht getraut« lautet ein berühmter Satz des Münchner Humoristen Karl Valentin. In seiner typisch skurrilen Art nutzt er hier die Möglichkeitsform, den Konjunktiv. Und den mag das Bairische besonders gerne. Zum Beispiel, wenn etwas stattgefunden hätte, wenn bestimmte Voraussetzungen gegeben gewesen wären: »Wenn i a Goid ghobt hätt, dann waar i an Urlaub gfohn« (›Wenn ich Geld gehabt hätte, wäre ich in den Urlaub gefahren‹) oder »Wenn du dahoam gwesn waarst, dann hätt i di bsuacht« (›Wenn du zuhause gewesen wärst, dann hätte ich dich besucht‹). Ebenso ist es beim Wünschen. Hier drückt man auch etwas aus, was man nicht hat, aber gerne hätte: »Wenn de Band bloß moi noch Minga kaam, des waar schee« (›Wenn die Band doch mal nach München käme, das wäre schön‹).

Hier zeigt sich, dass der Konjunktiv im Bairischen gebildet werden kann mit Wörtern wie *sein*, *haben*, *können*, *mögen* kombiniert mit einem Partizip wie *gehabt*, *gefahren*, *gewesen*, *besucht*.

Der Umlaut spielt hier auch eine Rolle. Aber Achtung! Hier gilt die bairische Variante des Umlauts mit hellem a: *waar* (›wäre‹), *daad* (›täte‹), kaam (›käme‹) und so weiter. Beim Wort *hätt* ›hätte‹ bleibt es beim »normalen« ä. Wenn das Wort kein a hat, kann man ans Wortende ein -ad hängen, also *kaffad* ›kaufte‹, *mächad* ›möchte‹, *ghärat* ›gehörte‹. Gar nicht selten hört man sogar kombinierte Formen mit Umlaut und Anhängsel: *waarat*, *daadat* oder *kaamat*.

Was den Konjunktiv im Bairischen so besonders macht ist, dass er gerne und viel verwendet wird, um sich höflicher auszudrücken.

Bevor es losgehen soll, hört man auf Bairisch zum Beispiel ein höfliches »I waar dann soweit« (›ich wäre dann soweit‹). Wird man in der Bäckerei gefragt, was man haben möchte, wäre eine typische Bestellung »I kriagat zwoa Semmen und a Brezn« (›ich hätte gerne zwei Brötchen und eine Brezel‹). Ähnlich verhält es sich bei der Speisen- oder Getränkebestellung im Wirtshaus: »I kriagat an Spezi« ist im Bairischen höflicher Standard.

Auch satirisch lässt sich der Konjunktiv einsetzen. In der Fernsehserie »Fast wia im richtigen Leben« (1979–1988) singt der bayerische Kabarettist Gerhard Polt in der Figur eines Büroangestellten über alle Unannehmlichkeiten seines Arbeitslebens. Unterbrochen werden die Klagen mit dem Refrain »Wann i nimmer meng dad, gangad i hoam« (›Wenn ich nicht mehr wollen täte, ginge ich nach Hause‹), ganz so, als hätte er die Wahl.

Kirchweih

Das größte Fest im ganzen Jahr

Die Kirchweih ist eine Tradition, die in vielen Gegenden gefeiert wird. Je nachdem wo man wohnt, heißt dieses Fest etwas anders: *Kirmes*, *Kerm*, *Chilbi*, *Kirchmess* oder *Kerb*. Ursprünglich wurde dabei der Weihetag der jeweiligen Kirche gefeiert. Da in jedem Ort an einem anderen Tag die Kirchweih stattfand und die Festlichkeiten zum Teil zu ausufernd wurden, beschloss man im Jahr 1866, in großen Teilen Bayerns die Kirchweih auf den dritten Sonntag im Oktober festzulegen. Nicht so in der Oberpfalz. Dort hat man die Regelung ignoriert und die *Kirwa*, wie man die Kirchweih dort nennt, weiterhin am ursprünglichen Datum gefeiert. So gibt es zum Beispiel die St. Vitus-*Kirwa* in Berg im Juni, die *Willibaldkirwa* in Hormannsdorf Anfang Juli und die Laurentius-Kirchweih in Kurmreuth Mitte August. In vielen Orten in der Oberpfalz ist die *Kirwa* das wichtigste Fest des Jahres. Allein im Landkreis Amberg-Sulzbach gibt es über 100 *Kirwafeste*.

Kirwabaum

Und weil es die *Kirwa* schon so lange gibt, haben sich in den Jahren zahlreiche unterschiedliche Traditionen entwickelt. Da wäre zum Beispiel der *Kirwabaum*, also der Kirchweihbaum, der der Mittelpunkt der Festlichkeiten ist. Ähnlich dem Maibaum wird der *Kirwabaum* von den *Kirwaboum* und *Kirwamoidla* (›Kirchweihbuben und Kirchweimädchen‹) zuerst gefällt, dann geschmückt und aufgestellt. Zum Brauchtum gehört auch das *Kirwabaum*-Austanzen. Zu traditionellen Kirchweihliedern führen die Kirchweihpaare Volkstänze um den *Kirwabaum* auf, wie etwa den Reigen oder das *Spinnradl*. Um das *Oberkirwapaar* zu bestimmen, wird beim Tanz ein Blumenstrauß herumgereicht, bis die Musik aufhört. Das Paar, das den Strauß dann in der Hand hält, ist das neue *Oberkirwapaar* und muss einige Aufgaben erledigen, mancherorts sogar die *Kirwa* im nächsten Jahr organisieren. Immer wieder hört man die Rufe »Wer houd Kirwa – Mir hom Kirwa« (›Wer hat Kirchweih – Wir haben Kirchweih‹). In vielen Ortschaften dauert die *Kirwa* ganze vier Tage, von Donnerstag bis Montag. Am *Kirwamondag* wird in einigen Teilen der Oberpfalz der *Kirwabär* durch den Ort getrieben. Dabei verkleidet sich ein *Kirwabou* (›Kirchweihbub‹) als Bär. Begleitet wird er von einem oder mehreren Treibern, die ihn durch das Dorf »jagen« und versuchen ihn zu »zähmen«. Erwischt der *Kirwabär* Passanten, wird ihnen eine Mischung aus Ruß und Fett ins Gesicht geschmiert. In vielen oberpfälzischen Orten werden diese Traditionen bewahrt und auch heute noch alljährlich zelebriert. Neu dazugekommen ins Veranstaltungsprogramm sind Tanzabende, die hauptsächlich von jüngeren *Kirwaleit* (›Kirchweihleuten‹) besucht werden.

Auch im mittelbairischen Sprachraum gibt es die Kirchweih heute noch. Dort heißt das Fest nicht Kirchweih, sondern *Kirta* (›Kirchtag‹). Allerdings hat der *Kirta* in einigen Regionen an Bedeutung verloren. Eine fast in Vergessenheit geratene Tradition ist in diesem Raum die *Kirtahutschn*. Dabei handelt es sich um eine lange Schaukel, bestehend aus einem Baumstamm, die mit Seilen oder Ketten an den Balken einer Scheune befestigt ist. Je nach Größe des Baumstamms können so etwa ein Dutzend Personen stehend oder sitzend die schaukelnde Gaudi genießen.

Natürlich dürfen bei solch einem Fest die *Schmankerln* nicht fehlen. 1895 beschreibt der bayrische Schriftsteller Ludwig Thoma in seinen Bauerngeschichten die Zubereitung einer solchen Köstlichkeit:

»In der Kuchel steht die Bäuerin vor dem Herd; das Feuer wirft einen glutroten Schein auf ihr kugelrundes Gesicht; mit dem Kochlöffel taucht sie die Kücheln unter und wendet sie um; die Holzscheite krachen, das Schmalz kocht und prasselt und spritzt. Grad lustig is. Das größte Fest im ganzen Jahr. Huiö, heut is Kirta!«

Die *Kücheln*, die der gebürtige Oberammergauer Ludwig Thoma hier erwähnt, sind das typische Gebäck des *Kirta*. Für den Hefeteig, der in Schmalz herausgebacken wird, gibt es eine Vielzahl an Namen: in der Oberpfalz sind es die *Käichla* oder die *Kirwaköichl*, in Nieder- und Oberbayern die *Kiachl* oder die *Kirtanudln*. Alle haben eins gemein, die Form: kreisrund, mit dickem, wulstigem Rand und einer ganz dünnen, knusprigen Mitte. Daneben wird in der Oberpfalz der *Kirwakouchn* gegessen: ein Blechkuchen aus Hefeteig, auf den eine gelbe Grieß- oder Quarkmasse und Rosinen kommen. Für die schöne gelbe Farbe ist Safran verantwortlich.

Krampus und Perchten

Ähnlich, aber doch nicht gleich

Im bairischen Sprachraum gehören sie zum Winter dazu wie die Mass zur Wiesn: Krampusse und Perchten, die in der dunklen Jahreszeit ihr Unwesen treiben. Die beiden Traditionen haben sich heutzutage etwas vermischt. Wir erklären hier den Unterschied und die Besonderheiten dieser Schreckgestalten.

Wir starten mit dem Krampus, denn der ist traditionell etwas früher im Jahr dran als die Perchten. Der Krampus ist ein Kinderschreck, der den Nikolaus begleitet, er tritt vor allem in der Adventszeit in Erscheinung. Genauer am Nikolaustag, dem 6. Dezember. In Bayern kommen Nikolaus und Krampus aber oft schon am 5. Dezember zu den Leuten. Das ist ein ähnliches Prinzip wie bei Weihnachten: Hier fängt das »eigentliche« Weihnachtsfest ja auch schon am Vorabend, dem Heiligabend, an. Während der Nikolaus die braven Kinder beschenkt und belohnt, ist der Krampus dafür zuständig, die weniger braven Kinder zu erschrecken und zu bestrafen. Mit seinem furchteinflößenden Aussehen ist das gar nicht so schwierig. Der Krampus kann den Perchten dabei sehr ähnlich sehen, mit einem Fell, Hörnern und einer gruseligen Maske. Manchmal trägt er aber auch nur einen dunklen Fellmantel und ist ohne die Maske weniger angsteinflößend. Oft hat er zum Bestrafen der Kinder vor Ort eine Rute dabei, wie andernorts Knecht Ruprecht. Die besonders unartigen Kinder müssen sich davor fürchten, dass er sie in seiner *Kraxn*, einer Art großem Korb, den er auf dem Rücken trägt, mitnimmt. Es gibt zwei

Theorien, woher der Name Krampus stammt: entweder von dem mittelhochdeutschen Wort *Krampen*, was ›Kralle‹ bedeutet, oder von dem bairischen Wort *Krampn*, das etwas ›Lebloses‹, ›Verdorrtes‹ bezeichnet. In manchen Regionen ist er auch als *Kramperl* bekannt, das klingt direkt ein wenig netter.

Die Perchten gehen schon seit Jahrhunderten im Alpenraum um. Es ist anzunehmen, dass sie vorchristlichem Glauben und Bräuchen entsprungen sind. Sie sind in den sogenannten Rauhnächten zwischen Weihnachten und dem Dreikönigstag am 6. Januar unterwegs. Nach altem Volksglauben steht in diesen dunklen Nächten das Geisterreich offen. Angsteinflößend sehen die Perchten aus, mit Kostümen aus Pelzen und Fellen, unzähligen lauten Schellen und Glocken und schaurigen Masken. Bei Perchtenläufen machen sie nicht nur richtig Lärm, um den Winter und die bösen Wintergeister zu vertreiben, sondern sie machen den Kindern auch ordentlich Angst. Es gibt zwei Arten von Perchten: Die guten *Schönperchten* und die bösen *Schiachperchten*. Regional gibt es darüber hinaus große Unterschiede, welche weiteren Gestalten unter den Perchten noch herumgeistern.

Woher das Wort *Percht* stammt, ist nicht ganz klar. Möglicherweise geht es auf die Sagengestalt der *Frau Perchta* beziehungsweise *Frau Percht* zurück. Sie ist meist der Mittelpunkt der Percht oder führt sie an. Zu Frau Perchts Verkleidung gehört häufig ein Januskopf. Sie ist – unter vielen verschiedenen Namen – Teil eines jeden Perchtenlaufs. Es gibt außerdem die Theorie, dass das Wort vom althochdeutschen *përaht* (›leuchtend‹, ›glänzend‹) oder *përgen* (›verbergen‹) stammen könnte.

Krampus mit Rute und Kraxn

Schiachpercht

Krampus und Perchten sehen einander manchmal ziemlich ähnlich, sie gehören aber ganz klar in unterschiedliche Zeiten im Winter. Sie haben außerdem verschiedene Aufgaben: Der Krampus bestraft unartige Kinder und die Perchten sorgen dafür, dass der Winter nicht allzu lange dauern wird.

Lewakassemme

Bairisch bequem

Das mit Fleischkäse belegte Brötchen namens Leberkäsesemmel enthält weder Leber noch Käse. Das Lebensmittelgesetz unterscheidet hier eigentümlicherweise zwischen bayerischem Leberkäse, in den keine Leber darf, und Leberkäse, der Leber enthalten muss. Wie es zu dem Namen kommt, ist nicht abschließend geklärt, doch wird vermutet, dass er sich auf die Form des Produkts bezieht. Denn typisch für den Leberkäse ist seine rechteckige Kastenform. So soll »Leber« eine Abwandlung des Wortes *Laib* sein, da er in einer Brotform gebacken wird. Und *Käs* bezeichnet eine ›kompakte Masse‹, wie etwa beim *Erdäpfelkas*, einem typischen Brotaufstrich, der ebenfalls keinen Käse enthält. Leberkäse ließe sich daher mit ›Laib aus einer kompakten Masse‹ übersetzen. Wo auch immer der Name des Leberkäses seinen Ursprung hat, eines steht fest: In Scheiben geschnitten, zwischen zwei Semmelhälften und mit etwas Senf bestrichen ist er ein Klassiker über die Landes- und

Dialektgrenzen hinaus. Wer sich in Bayern nicht als Zugereister zu erkennen geben will, bestellt niemals *Brötchen*, sondern immer *Semmeln*. *Semmel* geht auf das lateinische Wort *simila* zurück, das so viel bedeutet wie ›feinstes Weizenmehl‹. Beim Aussprechen hört man das l aber meistens nicht.

Die *Lewakassemme* macht schnell und ohne großen Aufwand satt. Eine bequeme Mahlzeit, bei der auch die Aussprache bequem ist: Das w im Wortinneren macht es viel leichter als das b. Probieren Sie das einmal selbst aus: Sprechen Sie ein b, werden Sie feststellen, dass Sie dazu den Mund schließen müssen und die Lippen aufeinander pressen. Nicht so bei einem w. Hier ist der Mund entspannter und nur leicht geöffnet, sodass Luft hinausströmen kann. Auch beim Teig, aus dem die Semmeln sind, tritt diese Schwächung auf: dem *Loawedoag*, übersetzt bedeutet das ›Laibleinteig‹.

»Mach ma Brotzeit«

Gselchts, *Kren* und *Radi*

»Mach ma Brotzeit, Brotzeit ist die schönste Zeit, weil uns dann die Arbeitszeit wieder besser freut«, singen die drei lustigen Moosacher in ihrer »Brotzeit-Polka«. Unter anderem mit diesem Lied war das Volksmusiktrio in den 1970er Jahren in der ein oder anderen Schlagerhitparade.

Die Brotzeit, die sie da besingen, entstand für die körperlich hart arbeitenden Bauern, die nach der Stallarbeit morgens und nach der Arbeit auf dem Feld am Nachmittag eine sättigende Zwischenmahlzeit brauchten. Heute wird das Wort häufig für ein kaltes Abendbrot, bestehend aus Brot mit Wurst und Käse, verwendet. Vielleicht kennen Sie dafür andere Begriffe wie *Jause* oder *Vesper*. Gegessen wird die Brotzeit auf einem großen Holzbrett, dem *Brotzeitbrettl*. Darauf zu finden sind neben der wichtigsten Komponente, dem Brot, die verschiedensten Beilagen. Die können von Region zu Region und von Geschmack zu Geschmack variieren. Typisch ist zum Beispiel Griebenschmalz, das man sich auf das Brot streicht. Es besteht aus Schweineschmalz, knusprigem Speck und Apfelwürfeln, garniert wird es mit Zwiebeln. Ebenfalls häufig aufgetischt wird *Gselchts*. Das ist gepökeltes, *geselchtes* (›geräuchertes‹) und gekochtes Schweinefleisch, das dünn aufgeschnitten mit *Kren* (›Meerrettich‹) verzehrt wird.

Traditionell ist eine Brotzeit sehr fleischlastig. Aber auch vegetarisch Essende werden satt. So gibt es zum Beispiel oft *Radi* (Rettich), der spiralförmig aufgeschnitten und mit Salz gewürzt wird und hervorragend auf einem Butterbrot schmeckt. Das Wort *Radi* hat wahrlich lateinische Wurzeln, es kommt nämlich von *Radix*, was ›Wurzel‹ bedeutet. Auch diverse Brotaufstriche dürfen bei einer Brotzeit nicht fehlen, etwa der auch hier im Buch in einem eigenen Kapitel beschriebene *Obazde* oder der vor allem in Niederbayern bekannte *Erdäpfelkas*. Obwohl *Kas*, bairisch für ›Käse‹, im Namen steckt, ist kein Käse in diesem Brotaufstrich. Er besteht aus zerstampften *Erdäpfeln* (›Kartoffeln‹), Zwiebeln, Sauerrahm und Sahne. Gewürzt wird er mit Salz und Pfeffer. Begleitet wird die Brotzeit gerne von dem ein oder anderen Bier.

Minga und das Münchner Kindl

Erstmals erwähnt wurde die heutige Landeshauptstadt Bayerns 1158 als *apud Munichen*. *Apud* ist eine lateinische Präposition und kann mit ›bei‹ oder ›in der Nähe von‹ übersetzt werden. *Munichen* hat seine Wurzeln im althochdeutschen Wort *munih* (›Mönch‹). Obwohl gut 800 Jahre zwischen der ersten urkundlichen Erwähnung und dem 21. Jahrhundert liegen, ist die Ähnlichkeit zwischen *Munichen* und München deutlich. Der Ursprung des Namens München liegt also ›bei den Mönchen‹, die auf dem heutigen Stadtgebiet siedelten. Wo genau das Kloster lag, ist jedoch umstritten. Das Stadtwappen Münchens ziert deshalb schon seit Jahrhunderten ein Mönch. Aus diesem Wappen entwickelte sich das heutige *Münchner Kindl*, die Wappenfigur Münchens. Bei einem Spaziergang durch die Millionenstadt kommt man daran nicht vorbei. Es prangt etwa auf U-Bahnen, Kanaldeckeln oder auf den Auswärtstrikots des FC Bayern Münchens. Nach und nach wurde der Mönch immer mehr verkindlicht und zu guter Letzt von einem Jungen zu einem Mädchen. Seit mehr als 80 Jahren wird das Münchner Kindl von einer jungen Münchnerin personifiziert, die den Einzug der Münchner Wirte auf dem Oktoberfest anführen darf. Das erste offiziell gekürte Münchner Kindl war Ellis Kaut, die die Geschichten rund um den Kobold Pumuckl erfand. Aber auch jeder und jede in München Geborene kann sich als Münchner Kindl bezeichnen.

Münchner Kindl in schwarz-gelber Kutte

Im bairischen Dialekt wird die Stadt München *Minga* genannt. So kann etwa ein Passauer sein Ausflugsziel mit den Worten »I fahr auf Minga« bekannt geben. Außerhalb Münchens ist das Wort häufig zu hören, innerhalb der Stadtgrenzen Münchens jedoch kaum. Warum ist das so? Mit dem Bau der Eisenbahnstrecke hielt im 19. Jahrhundert die Industrialisierung Einzug in München. Dadurch wuchs München rasant zur Großstadt heran. Menschen von nah und fern zog es in die Stadt an der Isar. Durch den hohen Anteil an *Zuagroasdn* (›Zugereisten‹) änderte sich auch die sprachliche Situation. Dialektale Begriffe wie *Minga* verschwanden aus dem Wortschatz der Münchner und Münchnerinnen. Durch das Ablegen einiger Dialektmerkmale wird die Sprache von mehr Menschen verstanden als der ausgeprägte Dialekt, ist aber immer noch als bairische Sprechweise zu erkennen. In den letzten Jahren zeigt sich in der Stadt allerdings eine Art Dialektrevival. Einige mundartliche Ausdrücke, wie etwa *Minga*, werden insbesondere von Menschen verwendet, die sonst keinen Dialekt sprechen, um ihre regionale Identität und Zugehörigkeit zu zeigen. Denn Dialekt verbindet. Vom Architekturbüro über Veranstalter von Stadtführungen bis hin zu Hotels, viele Unternehmen, die in München ansässig sind, haben Minga in ihrem Firmennamen integriert, um ihre Verbundenheit mit München auszudrücken.

Mittelbairisch

Dank Flüssen und Senken

Im Gebiet zwischen München und Wien, einer stattlichen Strecke von rund 400 Kilometern, spricht man Mittelbairisch. Im Norden reicht die Sprachregion ungefähr bis zur Donau beziehungsweise zur tschechischen Grenze, im Süden bis kurz vor die Alpen.

Was man besonders gut an diesem ganz schön großen Sprachraum erkennen kann, ist, welche Rolle Landschaftsformen und Flüsse für die Verbreitung von Sprache spielen können. Die Dialekte entlang der Donau haben sehr viele Ähnlichkeiten, obwohl sie räumlich oft weit voneinander entfernt sind. Das liegt daran, dass die Ebene entlang der Flüsse und die Flüsse selbst es den Menschen einfach machen beziehungsweise machten, in Austausch zu kommen. Und wenn Menschen miteinander sprechen, dann beginnen sie oft auch, ihre Sprache unbewusst einander anzupassen. Wenn hingegen Gebirge oder Moorlandschaften das Zusammenkommen erschweren, fehlt es an Möglichkeiten, sich gegenseitig sprachlich anzupassen.

Der mittelbairische Sprachraum ist nicht nur flächenmäßig der größte, sondern zugleich auch der bevölkerungsreichste im Vergleich zum nord- und südbairischen Sprachraum. Hier gibt es viele große Städte, außer München und Wien beispielsweise Regensburg, Passau und Linz. Immer dort, wo viele Menschen zusammenkommen, wird viel gesprochen. Und dann kommt es meist schneller dazu, dass sich eine Sprache verändert, als in Gegenden, in denen weniger Menschen leben. Deshalb hat sich im mittelbairischen

Dialekt im Laufe der Zeit viel mehr getan als im nord- oder südbairischen. Die heute für das Südbairische typischen Reibelaute wie in *Speckch* gab es früher auch dort, wo heute Mittelbairisch gesprochen wird.

Ein typisches Merkmal für das Mittelbairische ist, dass die harten Konsonanten hier weicher gesprochen werden. So bringt man den Brief zur *Bosd* und gegen den Durst *dringd* man etwas aus dem *Gruag*. Das Gleiche passiert, wenn p, t oder k zwischen zwei Vokalen stehen, wie in *Weeda* (›Wetter‹), *druga* (›trocken‹) oder *Kabe* (›Kappe‹). Das letzte Beispiel zeigt allerdings schon die Ausnahme: Folgt dem k am Wortanfang ein Vokal, dann bleibt es in Wörtern wie *Kua* (›Kuh‹) hart ausgesprochen, und somit ist Ludwig II. auch der *Kini* und nicht etwa der *Gini*.

Auch die charakteristischen Zwielaute finden sich im Mittelbairischen, wie in *Briaf* (›Brief‹) oder *guad* (›gut‹). An diesem Merkmal lässt sich das Mittelbairische gut vom Nordbairischen unterscheiden, dort wäre es nämlich *Bräif* und *goud*.

Nie niemals nicht

Verneinen

Wenn man sich einer Sache sicher sein möchte, dann macht man es doppelt. Man schaut zum Beispiel zweimal, ob man den Herd, aus dem der frische Zwetschgendatschi kam, wirklich ausgeschaltet hat oder ob man die Konzertkarten für LaBrassBanda auch wirklich eingepackt hat. Doppelt genäht hält besser! Diesem Motto folgen bairische Sprecherinnen und Sprecher häufig, wenn es um Verneinungen geht. Denn statt einem einfachen *nicht* wird im bairischen Dialekt gerne in zweifacher oder sogar mehrfacher Wiederholung abgesprochen, dementiert, geleugnet oder widersprochen. Teilweise können sogar bis zu sage und schreibe fünf Verneinungswörter aneinandergereiht werden.

Stellen wir uns einen Rosenheimer vor, der partout nicht in die neu bestellte Lederhose passt. Ihn könnten wir schimpfen hören: »S'hod koan Daug ned!« Wörtlich übersetzt hieße das: ›Es hat keinen Taug nicht.‹ *Taug* bedeutet dabei so viel wie Nutzen oder Zweck. Mittels der doppelten Verneinung macht er deutlich, dass es keinen Zweck hat, es weiter zu probieren, sich in die Hose zu pressen. Den Knopf der Lederhose wird er über seinen *Gneedlfriedhof* (›Knödelfriedhof‹), wie man im Bairischen einen dicken Bauch liebevoll nennen kann, auf gar keinen Fall zubekommen.

Manchmal reicht es aber nicht, etwas zweifach zu verneinen. Im Wirtshaus können Sie zum Beispiel vom Nachbartisch hören: »I daad nia koa Radler ned dringn!« Damit soll vehement klar werden, dass derjenige nie kein Radler nicht trinken täte. Radler mag er also wirklich überhaupt nicht

Radler

gerne. Er könnte dann verwundert zu seinem Kameraden sagen: »Des hod's ja no nia ned gem, dass du koa Bier ned dringsd!« Wörtlich übersetzt heißt das so viel wie: ›Das hat es ja noch nie nicht gegeben, dass du kein Bier nicht trinkst.‹ Der Trinker ist also wirklich sehr verwundert.

Lesen Sie schnell weiter, sonst erfahren Sie *nia ned*, was es noch für Besonderheiten im Bairischen gibt.

Nordbairisch *versus* Mittelbairisch

Wou da Woukl woont

Der nordbairische Sprachraum entspricht in etwa dem Bezirk Oberpfalz, weshalb es Leute gibt, die Oberpfälzisch dazu sagen. Die Merkmale dieser Sprechweise können einem also in Städten wie Amberg und Weiden begegnen.

Besonders charakteristisch für diesen Raum sind die nordbairischen Diphthonge, also Zwielaute: Wer in Amberg eine Seife kaufen möchte, der bekommt *Soifm*. Das oi wird in etwa so ausgesprochen wie das eu in *Feuer*. Im mittelbairischen München käme man mit dem Wort *Soifm* aber nicht weit, hier wird *Soafa* gekauft. Über Neumarkt in der Oberpfalz *fläing* die Zugvögel im Herbst hinweg, während sie über Rosenheim hinweg *fliang*. Das äi in *fläing* hört sich so ähnlich an wie das ey in *hey*. Und wenn die Zugvögel weg sind und der Winter kommt, frieren den Leuten in der Oberpfalz die *Fäiß* (›Füße‹), besonders, wenn es mehrere *Dooch* (›Tage‹) *fü* (›viel‹) *Schnäi* (›Schnee‹) gegeben hat. Im mittelbairischen Sprachraum geht es den Menschen ähnlich, aber in München, Landshut und Passau frieren die *Fiaß*, wenn es mehrere *Doog fui Schnä* gegeben hat. Das ist dann schon ein bisschen etwas anderes. Vielleicht besucht eine oberpfälzische Frau aus Tirschenreuth dann einmal ihren *Brouda* (›Bruder‹, das ou spricht man in etwa so aus, wie im Englischen das o im Wort *alone*), weil sie das schon länger nicht mehr *dou* (›getan‹) hat, während ein Traunsteiner auf mittelbairisch gesagt seinen *Bruada* besucht, denn das hat er auch länger nicht mehr *do,* und im Winter kann man wunderbar zusammensitzen und sich die vom Schnee kalten Füße wärmen.

Wenn Sie in der Oberpfalz mit ihrem Sprachwissen, das die besonderen Laute hervorhebt, glänzen möchten, könnten Sie versuchen, das Gespräch auf den *Woukl* oder den *Schouadoutara* zu lenken. Der *Woukl* ist eine in der Oberpfalz bekannte Schreckgestalt, die die Kinder erschreckt. Hierbei schreit er laut »Wou!«, daher der Name. Mit dem *Schouadoutara* wird etwas umständlich ein Schuhlöffel bezeichnet. Wörtlich übersetzt hieße dieser Ausdruck etwa *Schuhantuerer*, zusammengesetzt aus *Schou* (›Schuh‹) und *adou* (›antun‹). Wegen dem Zwielaut ou sagen auch einige Leute, dass die Oberpfälzer »bellen« würden, weil sich das ou ein wenig wie Hundejaulen anhört. Eine besondere Gemeinsamkeit haben die nordbairischen Zwielaute noch: Wenn man so einen Laut ausspricht, ist der Mund am Anfang weiter geöffnet als zum Schluss, wie bei dem Wort *Soifm*, wo das oi wie die Buchstaben eu in *Feuer* klingen. Im Mittelbairischen ist es meistens umgekehrt: Der Mund ist am Anfang weiter geschlossen als zum Schluss, zum Beispiel bei *Fiaß*. Die ganz besonderen nordbairischen Laute sind außerhalb der Oberpfalz kaum bekannt, weil das Bairisch, das in den Medien gesprochen wird, meist das Mittelbairische aus München, Bad Tölz, Rosenheim oder Passau ist.

Oan Steckerlfiisch bittschön!

Einzahl und Mehrzahl

Im Bairischen enden kaum Wörter auf e, denn meist wird es einfach weggelassen: *Kotz* für ›Katze‹ oder *Stroß* für ›Straße‹. Bei anderen Wörtern wird statt dem e ein n angehängt. Es heißt dann *Schweinshaxn* statt ›Schweinshaxe‹ oder *Wiesn* statt ›Wiese‹. Im Standarddeutschen kennen wir Formen, die durch das Anhängen von einem e die Mehrzahl bilden, etwa *der Stein* und *die Steine*, *das Schaf* und *die Schafe* oder *der Tisch* und *die Tische*. Im Bairischen ist das nicht möglich. In einigen Fällen sieht daher die Einzahl genauso aus wie die Mehrzahl, nur der Artikel macht den entscheidenden Unterschied: *as Schof* und *de Schof*. Bei einigen Wörtern haben sich im Bairischen kreative Formen entwickelt, um die Mehrzahl deutlicher zu markieren: Statt *der Stein* und *die Steine* heißt es bairisch *da Schdoa(n)* und *de Schdoana* oder *Schdeana*. Eine weitere Möglichkeit, die Mehrzahl zu bilden, ist, den Vokal innerhalb des Wortes umzulauten. Bairische Sprecherinnen und Sprecher sagen also die *Kua*; wenn sie mehrere Kühe meinen, sprechen sie von *Kia*.

Einige Menschen aus dem bairischen Sprachraum bedienen sich einer äußerst ungewöhnlichen Art der Mehrzahlbildung: Kurze Wörter in der Einzahl sprechen sie gedehnter und weicher aus als in der Standardsprache. In der Mehrzahl werden diese Wörter dann kurz und scharf ausgesprochen: *da Diisch – de Dissch* oder *as Schiif – de Schiff*,

Zwoa Steckerlfissch überm Feuer

Auf diese Weise wird auch die Mehrzahl einer bairischen Delikatesse, dem *Steckerlfisch*, gebildet. Man bestellt also *oan Steckerlfiisch*, aber *zwoa Steckerlfissch*. Und was ist *Steckerlfisch*? Ein *Steckerl* ist ein kleiner Stecken oder Stab. Der *Steckerlfisch* ist ein auf einem (Holz-)Stab gegrillter Fisch: Forelle, Makrele, Renke oder Saibling. Man findet das Grillgericht hauptsächlich auf Volksfesten oder in Biergärten im Alpenvorland. Der Fisch wird zunächst gewaschen und ausgenommen. Dann kommt der schwierigste Teil: das Aufspießen. Die Spitze des Stabs wird vom Maul beginnend unterhalb der Grätenlinie bis zum Schwanz durchgeführt. Dann wird der Fisch gewürzt und gegrillt und währenddessen immer wieder mit Butter eingepinselt, damit er schön knusprig wird.

Besuchen Sie doch mal ein bayerisches Volksfest und folgen dem rauchig-würzigen Aroma bis zu einem Fischstand, vielleicht schmeckt es so gut, dass es *zwoa Steckerlfissch* werden.

Oans, zwoa, drei

Zahlen und Zählen

Jedes Jahr werden etwa sieben Millionen Mass Bier auf dem Oktoberfest ausgeschenkt. Trinksprüche sind bei diesen Massen ein wichtiger Brauch im Wiesn-Festzelt. Immer wieder hört man im Festzelt erst »*Oans, zwoa, drei, gsuffa*« und dann die Krüge klirren. Übersetzt heißt das

›Eins, zwei, drei, getrunken‹. Aus ›eins‹ wird *oans*, aus ›zwei‹ wird *zwoa* … Aber Moment! Warum heißt es *drei* und nicht *droa*?

Das ist noch heute vom Mittelalter beeinflusst. *Drei* hieß nämlich damals im Bairischen *drii* mit einem langen i, während bei *eins* und *zwei* zu dieser Zeit der Zwielaut ei vorhanden war. Das ei hörte sich damals wohl an wie der Laut in *hey*. Später wurde aus diesem Zwielaut im Bairischen ein oa: Aus ›eins‹ wurde im Bairischen *oans* und aus ›zwei‹ wurde *zwoa*. Das lange i dagegen entwickelte sich im Standarddeutschen und im Bairischen zum Zwielaut ei weiter, wie wir ihn heute kennen. So zum Beispiel bei *drii*, das zu ›drei‹ wurde, oder bei *bii*, das zu ›bei‹ wurde.

Und wie geht es beim Zählen weiter? Bei den Zahlen von vier bis zwölf wird meist ein e hinten angehängt, also: *viare*, *fimfe*, *sekse*, *sieme*, *achde*, *neine*, *zehne*, *äife*, *zwöife*. Das gilt allerdings nur, wenn die Zahl allein steht, zum Beispiel bei Uhrzeiten: »Mia dreffa uns um zehne.« (›Wir treffen uns um zehn Uhr.‹) Steht die Zahl vor einem Hauptwort, fällt das e weg: »Was kosdn zehn Semmen?« (›Was kosten zehn Brötchen?‹)

Bei den Zahlen von 13 bis 99 kann man sich entscheiden, ob man ein e hinten anhängen möchte oder nicht. Wie so oft im Bairischen fallen hier ein paar Buchstaben weg. So auch bei den Zehnerzahlen: Hier fällt das i am Ende der Zahl weg. Es heißt also nicht *zwanzig*, *dreißig*, *vierzig*, *fünfzig*, sondern *zwanzg*, *dreißg*, *viazg*, *fuchzg* … Ganz so viele Mass werden es wohl nicht werden an einem Abend.

Obazda und das bairische a

Schmatzende Aussprache

Bei einer *gscheiten* Brotzeit darf *Obazda* (manche schreiben auch *Obatzter*) auf keinen Fall fehlen. Neben Weißbier und Leberkäse ist er eine der bekanntesten Spezialitäten aus Bayern. Ursprünglich war *Obazda* ein Resteessen, um überreifen Weichkäse vor der Mülltonne zu retten. Heute ist die Käsezubereitung von den Speisekarten der Biergärten nicht mehr wegzudenken, sogar in vielen Supermarktkühltheken findet man ihn mittlerweile. Doch die Namen *Obazda* und *Obatzter* sind geschützt und dürfen nur verwendet werden, wenn ganz bestimmte Zutaten enthalten sind, und dann auch nur, wenn diese Zutaten in Bayern verarbeitet worden sind. In den *Obazden* gehört: Camembert oder Brie (mindestens 50 Prozent Käseanteil), Butter, Paprikapulver und Salz. Wer möchte, kann seinem *Obazden* noch Bier oder Gewürze wie Kümmel oder Pfeffer untermischen. Serviert wird das Käsegericht mit Radieschen oder Zwiebeln und es passt super zu Brezn und einer kühlen Mass. Und ja, Sie haben richtig gelesen, auch die grammatischen Formen dieses kalorienreichen Snacks haben es in sich: *Obazde, Obazda, Obazden?!* Doch so kompliziert, wie die Formen auf den ersten Blick wirken, sind sie gar nicht. Als Faustregel können Sie sich merken, dass es immer *Obazden* heißt, außer im Nominativ. Dort heißt es mit Artikel *der Obazde* und ohne Artikel *Obazda*: *Obazda ist die perfekte Grundlage für umfangreichen*

Biergenuss. Oder: *Der Obazde ist ein geschütztes Kulturgut.*

Wörtlich heißt *Obazda* eigentlich ›Angebatzter‹, das bedeutet so viel wie ›in einer breiigen Masse gemanscht/angedrückt‹. Aus ›Angebatzter‹ wird *Obazda*, wegen einem der wohl auffälligsten Merkmale des Bairischen: Der Aussprache des a. Hier ist die bairische Unterscheidung zwischen zwei verschiedenen a-Lauten wichtig: Einem

hellen a und einem dunklen a. Das helle a kommt dem Standarddeutschen nahe und ist zum Beispiel in Wörtern zu finden, die erst später ihren Weg ins Bairische gefunden haben. So sagt man etwa *Examen* und *Plastik* wie im Standard. Das dunkle a allerdings wird mit geschlosseneren Mund, eher Richtung o gesprochen und ist typisch bairisch. Das hört man bei Wörtern wie *Schaf* und *Tag*, aber auch bei Namen wie *Franz* und *Maria*. Die Aussprache kann von Region zu Region variieren – von einem leicht dunklen a, das dem amerikanischen o in *not* und *job* ähnelt, bis hin zu einem vollständigen o mit rundem Mund. Und weil das dunkle a sehr nach o klingt, wird es oft, auch in diesem Buch, mit einem o geschrieben, wie im Fall des *Obazden*. Es gibt sogar Wörter im Bairischen, die, je nachdem wie man das a ausspricht, etwas Anderes bedeuten. So etwa beim Wort *schmatzen*: Wird es mit hellem a ausgesprochen, ist damit ›reden‹ gemeint. Spricht man es mit dunklem a, meint man das unangenehme Geräusch, das beim Kauen mit offenem Mund entsteht. Ein *Schmatzer*, mit hellem a gesprochen, ist also keinesfalls jemand, der oft laut beim Essen kaut, sondern jemand, der viel und gerne redet.

Jetzt ist klar, wie das o in *Obazda* kommt. Doch es passiert bei dem Wort noch mehr. Warum das ge wegfällt, wird im Kapitel »Guat docht, guat g'mocht« erklärt. Der Mensch spart sich ja generell gerne Arbeit und so eben auch beim Sprechen. Es fällt also vieles weg, was für die Verständigung nicht unbedingt nötig ist. *Obazda* lässt sich viel schneller und mit weniger Aufwand sagen als ›Angebatzter‹. So geht im Biergarten ein »An Obazden bittschee« viel zügiger über die Lippen und es bleibt mehr Zeit zum Biertrinken und Schmatzen.

Pumuckl

Was sich reimt, ist gut

Der kleine Kobold mit quietschroten Haaren, der beim Meister Eder in dessen Schreinerwerkstatt in München wohnt, wurde zunächst durch Hörspiele, dann auch durch Bücher, Filme und eine Fernsehserie über Bayerns Grenzen hinweg bekannt. Dabei spricht Pumuckl selbst gar nicht wirklich Bairisch – wie auch, er ist als Klabautermann gar nicht in München aufgewachsen. Aber die allermeisten menschlichen Figuren, die dem neckischen Geist begegnen, sprechen ein mehr oder weniger starkes Mittelbairisch. Für viele Nichtbayern ist Gustl Bayrhammer in der Rolle des Franz Eder DER typische Bairisch-Sprecher. Bevor er in der Fernsehserie zu sehen war, hat er in den Hörspielen der Stimme bereits den typisch bairischen Sound verliehen.

Die Pumuckl-Erfinderin Ellis Kaut selbst sagte, dass der Pumuckl im Hochdeutschen nicht funktionieren würde und der bairische Dialekt für die Serie besonders wichtig sei. Dass es ein anderer Dialekt aber auch tut, zeigt sich an der Adaption auf Kölsch: Nachdem man beim WDR gezögert hatte, den Pumuckl auszustrahlen, weil er als zu bairisch empfunden wurde, gab es eine eigens produzierte Hörspielreihe mit kölscher Variante: der Fizzibitz. Die Dialoge wurden mehr oder weniger vollständig übernommen – nur eben auf Kölsch.

Beim Pumuckl stehen sich also zwei Sprechweisen sehr deutlich gegenüber: das gemäßigte Mittelbairisch vom Meister Eder und das Standarddeutsch vom Pumuckl. Doch auch der Pumuckl lässt manchmal bairische Varianten in seinen Sprachgebrauch einfließen, zum Beispiel in einem seiner vielen Gedichte (denn was sich reimt, ist gut): »In meinem Bauch ist noch ein Lückerl für ein Stückerl«, wo er die bairische Form der Verkleinerung verwendet. Oder als der kleine Kobold danach fragt, was eine Schule sei, und Meister Eder ihm von der *Volksschui* erzählt. Da spricht Pumuckl das Wort sehr bemüht nach und reimt »ui ui, hui, hui«. Einen bairischen Ausdruck, den der Pumuckl sich abgeschaut hat, als Meister Eder einmal mit einem leichten *Suri* nach Hause kam, kann man sich allemal merken: »Mei, ist der beinand.«

Die Serie umfasst außerdem ein paar Dinge, die man sich (klischeemäßig) unter der bairischen Kultur vorstellt: Meister Eder geht regelmäßig zum Stammtisch und trinkt dort seine *Hoibe*, es gibt Spanferkelessen und einiges mehr. Die meisten Drehplätze der Fernsehserie liegen tatsächlich in München, man kann zum Beispiel den Tierpark Hellabrunn und den Kabelsteg erkennen, und das Titelbild zeigt die Münchner Skyline mit den zwei Türmen der Frauenkirche. Die Szenen in der Schreinerwerkstatt wurden im Münchner Stadtteil Lehel gedreht.

Rrrrrreiberdatschi

Das gerollte r

Für diese typisch bayerische Leckerei werden Kartoffeln gerieben, gestampft oder gemahlen, mit Mehl oder Ei gebunden, mit Salz und Pfeffer gewürzt und knusprig braun in der Pfanne gebraten. Man kann sie mit herzhaften Dips und Soßen wie Kräuterquark oder Frischkäse oder aber mit süßen Aufstrichen wie Marmelade oder Apfelmus genießen. Der Fantasie sind keine Grenzen gesetzt. In ganz Deutschland gibt es sehr viele Namen für dieses Gericht, zum Beispiel *Kartoffelpuffer*, *Reibekuchen*, *Klitscher* oder *Pratschen*. Im Bairischen heißen diese Kartoffelküchlein *Reiberdatschi*.

Reiberdatschi sind nicht nur lecker. Wenn man das Wort ausspricht, kann man auch das r am Anfang ganz fantastisch rollen. Dieses mit der Zungenspitze gerollte r ist sehr typisch für den bairischen Dialekt. Gerollt wird r am Anfang von Wörtern, wie bei *Reiberdatschi*, am Anfang von Silben, wie bei *geraten*, und wenn innerhalb einer Silbe ein Konsonant vor dem r steht wie zum Beispiel in *drong* (›getragen‹), *frong* (›fragen‹), *Gruag* (›Krug‹). Wenn das r allerdings innerhalb einer Silbe auf einen Vokal folgt, wird es im Bairischen ungefähr wie ein ȧ ausgesprochen: *Toa* (›Tor‹), *Oawait* (›Arbeit‹), *Stuam* (›Sturm‹).

Können Sie ein mit der Zungenspitze gerolltes r sprechen? Wenn nicht, haben wir hier eine einfache Übung für Sie: Denken Sie an das Wort *Brötchen*. Sprechen Sie dieses Wort langsam als *Be-dötchen* aus. Wenn Sie das Wort so

Reiberdatschi

immer wieder wiederholen und dabei schneller werden, wird aus dem d ein mit der Zungenspitze gebildetes r. Sobald Sie ein Gefühl für die Bildung des Lautes haben, können Sie ihn in all den anderen Wörtern ausprobieren, die mit r beginnen oder einen Konsonaten vor dem r haben.

Aber egal, ob mit oder ohne gerolltem r, *Reiberdatschi* schmecken einfach immer.

Satzbau

D' Anna sei Auto, des wou fuam Haus steht

In diesem nordbairischen Teilsatz, der im Standarddeutschen in etwa »Annas Auto, das vor dem Haus steht« lautet, stecken direkt zwei bairische Besonderheiten im Zusammenbauen von Wörtern: Die Verwendung der männlichen Form *sein*, um auszudrücken, wem das Auto, um das es geht, gehört, und das zusätzliche *wo* im Nebensatz.

Was im Standarddeutschen irgendwie falsch klingt, ist im Bairischen (und übrigens auch in manchen anderen südlichen Dialekten) vollkommen richtig. In der 3. Person Singular, also wenn es um andere Personen, nämlich *ihn* und *sie,* geht, wird im Bairischen meistens darauf verzichtet, diese Unterscheidung zu treffen, wenn man ausdrücken möchte, wem etwas gehört. Und so wird dann auch bei Frauen die Form *sei* (›sein‹) verwendet.

Das Auto gehört also Anna. Durch den weiblichen Namen Anna bleibt weiterhin klar, dass das Auto einer Frau gehört. Lässt man den Namen weg, hieße der Satz »Iara sei Auto, des wou fuam Haus steht«. Mit *iara* wird das weibliche Geschlecht der Person, um die es geht, explizit angezeigt, und durch das *sei* wird weiterhin das Besitzverhältnis ausgedrückt.

Wo wird am Anfang von Nebensätzen gerne zusätzlich zu *der*, *die*, *das*, *dem* oder *den* verwendet. Es kann aber in vielen Fällen auch genauso gut allein stehen. Der Satz »D'Anna sei Auto, wou fuam Haus steht« wäre genauso richtig wie der Satz hier oben. Das Bairische ist also eigen beim Sätze bauen, aber doch dabei immer noch ein bisschen flexibel.

Schiach

Zwielaute

Houschiach sollte man in Bayern mit seinen hohen Bergen, wie der 2962 Meter hohen Zugspitze oder dem 2713 Meter hohen Watzmann, besser nicht sein. Denn jemand, der *houschiach* ist, hat Höhenangst und ist nicht ganz schwindelfrei. *Houschiach* besteht aus den Worten *hou*, die bairische Aussprache von *hoch*, und *schiach*, was hier so viel wie ›scheu‹ meint. Diese Bedeutung ist dabei nicht die einzige, die das Wort *schiach* haben kann. Meist ist es negativ gemeint und bedeutet ›hässlich‹

oder ›abstoßend‹. Menschen können *schiach* sein, Dinge können *schiach* sein oder auch das Wetter. So könnte man in Bad Tölz hören, dass es morgen *»a schiachs Weeda«* geben solle, im nordbairischen Amberg hingegen gäbe es *»a schäichs Weeda«*. Und denken Sie nur an die grausigen *Schiachperchten*. Wörtlich übersetzt heißt *schiach* einfach ›schief‹, und damit ist es auch verwandt.

Anders als das standarddeutsche ›schief‹, das wir mit langem i sprechen, wird *schiach* mit dem mittelbairischen Zwielaut ia ausgesprochen, also mit zwei Lauten, die zu einem Klang zusammengefasst werden, wie beim Wort *Haus* der Zwielaut au. Die beiden Vokale a und u werden beim Sprechen verbunden, also ohne Pause dazwischen ausgesprochen. Im Bairischen haben viele andere standarddeutsche Wörter, die wie ›schief‹ mit ie geschrieben werden, einen Zwielaut, etwa ›lieb‹, das zu *liab* wird, oder ›fliegen‹, das zu *fliang* wird. Noch dazu gibt es im Bairischen mehr Zwielaute als in der Standardsprache. Neben au (*Haus*) und ei beziehungsweise ai (*drei*) gibt es außerdem noch den typisch bairischen Zwielaut oa. Ihn kennen Sie vielleicht vom berühmten *Oachkatzlschwoaf*, das gerne in Bairischtests dazu verwendet wird, die Aussprache von Nichteinheimischen zu prüfen. Gemeint ist damit der buschige Schwanz eines Eichhörnchens (›Eichkätzleinschweif‹); ein Wort, das man eher selten im Alltag verwendet. Besser im Ohr liegt da wohl der Trinkspruch *»Oans, zwoa, drei, gsuffa«*. Ein anderer Zwielaut ist besonders typisch für das Mittelbairische: Wörter wie ›Bruder‹, ›gut‹ und ›Kuh‹ lauten hier *Bruada*, *guat* und *Kuah*. Der Zwielaut ou ist vor allem im Nordbairischen vertreten und ansonsten ziemlich selten. Er kommt nur in einigen Wörtern mit langem o vor, zum Beispiel im Wort *houschiech*, bei dem ›hoch‹ zu *hou* wird. Der ou-Laut klingt in etwa so, wie das oa im englischen Wort *boat*.

Da das Bairische ein Dialekt mit großer Vielfalt ist, unterscheidet sich auch die Aussprache der Zwielaute von Region zu Region. Ein Satz wie »Mein großer Bruder hat zwei liebe Buben« würde im mittelbairischen Erding also beispielsweise so klingen:

Mei groussa Bruada hod zwoa liabe Buam.

Im nordbairischen Auerbach in der Oberpfalz dagegen so:

Mei groussa Brouda houd zwoa löibe Boum.

Probieren Sie sich doch gerne einmal an der Aussprache der beiden Sätze und vergleichen Sie, wie unterschiedlich sie klingen. Alles andere als *schiach*, oder?!

Schimpfen, fluchen und drohen

Ratschkatl und *Grantlhuba*

Wer im Dialekt zetert, nörgelt und meckert, klingt irgendwie weniger böse. Bairische Schimpfwörter sind oft doppeldeutig und nicht immer beleidigend gemeint. Der Ton macht die Musik. Ein *Bazi* ist eigentlich ein ›Gauner‹, ein ›Schlingel‹. Wenn der Opa allerdings zu seinem Enkel *Bazi* sagt, schwingt da etwas Stolz mit. Ein ungehobelter, derber Mann wird im Bairischen als *Laggl* bezeichnet. Dieses Schimpfwort geht auf den französischen General Mélac zurück, der für seine Brutalität berüchtigt war. Auch auf längst vergangene kriegerische Feindschaft geht die Bezeichnung *Preißn* zurück, die abwertend für alle Personen nördlich des *Weißwuaschtäquators* gemeint sein kann (wer sich unsicher ist, ob er oder sie gemeint sein könnte, schlägt lieber hier unter *Weißwuascht* nach). Mit *Saupreiß* kann die Abneigung sogar noch verstärkt werden, was jedoch schon stark beleidigend ist.

Bairische Verunglimpfungen werden häufig mit Personennamen kombiniert. Die Zusammensetzung funktioniert meist so: Bestandteil eines Verbs + Name, etwa *grantln* (›schlechte Laune haben‹) + *Huber*, das zu *Grantlhuba* wird. Als *Grantlhuba* bezeichnet man schlecht gelaunte, miesepetrige Personen. Der *Spinngore* setzt sich aus *spinnen* und der Kurzform *Gore* (von Gregorius) zusammen und bezeichnet einen verrückten, spinnenden Mann. Nach diesem Muster können auch Frauen diffamiert

Grantlhuba, grantiga

Ratschkatl

werden. Die *Ratschkatl*, zusammengesetzt aus *ratschen* (›reden‹) und der Verkleinerungsform des Namens Katharina (*Katl*), ist eine echte Quasselstrippe. Sie redet gerne und viel. Kein Geheimnis ist bei ihr sicher.

Eine Besonderheit bei Beschimpfungen im Bairischen ist die Möglichkeit, Adjektive nachzustellen. Normalerweise steht das Adjektiv in der Standardsprache vor dem Substantiv: *das spannende Buch*. Im Bairischen kann, besonders bei Beschimpfungen, das Adjektiv auch auf das Substantiv folgen: »Droddl, däbbada.« (›Trottel, dummer.‹) Das Nachstellen verleiht dem Adjektiv eine verstärkende Wirkung: »Du Bißguan, du elendige.« (›Du Bissgurre, du elendige.‹) *Gurre* ist ein altes Wort für ›Stute‹. *Bissgurre* bedeutet daher eigentlich übersetzt ›bissige Stute‹. Man bezeichnet damit eine streitsüchtige, zänkische Frau. *Elendig* oder *greislich* (›grausig‹) werden gerne zum Nachstellen verwendet, zum Beispiel *Saupreiß, greislicha*. Ebenso die Adjektive *bugglad* (›bucklig‹) und *bodschad* (›tollpatschig‹).

Wenn es nicht gegen Personen geht, sondern ums ganz allgemeine Fluchen, stellt das Bairische ein großes Repertoire zur Verfügung, oft mit religiösen Wurzeln. *Kruzifix!* wird gerne zu *Zefix!* abgekürzt oder mit *Kreizkruzifix!*, *Kruzifixsakrament!* verstärkt. Wer den Fluch tarnen möchte, weicht auf Formen wie *Sacklzement!* (wörtlich ›Säckchen Zement‹) statt *Sakrament!* aus. Ausgiebiges Fluchen kann sogar schmerzlindernd wirken. Na dann: »Himmel, Oasch und Zwian!«

Wem das noch nicht hilft, der muss zu härteren Maßnahmen greifen und drohen. Das geht im Bairischen herrlich anschaulich. Wenn Inge gleich der Geduldsfaden reißt, so könnte sie warnend »Glei foid fei da Watschnbaam um« (›Gleich fällt fei der Watschenbaum um‹) oder »Obacht, du rittlst scho gonz schee am Watschnbaam« (›Vorsicht, du rüttelst schon ganz schön am Watschenbaum‹) rufen. Der *Watschnbaum* ist ein ›Ohrfeigenbaum‹, dessen Früchte (*Watschn*) beim daran Schütteln herunterfallen und dem Rüttelnden auf den Kopf fallen könnten.

»Himmel, Oasch und Zwian«

Schmeller

Der bairische Vater der Dialektologie

Die Gebrüder Grimm kennt jedes Kind. Weltruhm erlangten die beiden Hessen mit ihrer Sammlung der »Kinder- und Hausmärchen«, die seit Beginn des 19. Jahrhunderts in mehreren Auflagen veröffentlicht wurden. Jacob und Wilhelm Grimm haben aber noch weit mehr gemacht als Geschichten gesammelt. Sie waren mit die ersten, die sich mit der Erforschung der deutschen Sprache auseinandergesetzt und so die Germanistik sozusagen mitgegründet haben.

Ein wichtiger Zeitgenosse und Kollege der beiden war Johann Andreas Schmeller. Er gilt als der Erfinder des Faches, das sich mit der Erforschung von Mundarten beschäftigt, der Dialektologie. Neben seinen wissenschaftlichen Leistungen ist auch sein Lebenslauf außergewöhnlich. Denn obwohl er aus ärmeren Verhältnissen stammte, schaffte er es bis an die Spitze der damaligen Gelehrtenkreise.

Geboren wurde er im selben Jahr wie Jacob Grimm, 1785, als Sohn eines *Kürbenzäuners*, eines ›Korbmachers‹, in der Oberpfalz nahe der tschechischen Grenze. Einer Adeligen, für die sein Vater tätig war, fiel früh die Intelligenz des Kindes auf, und so empfahl sie, ihn auf die örtliche Lateinschule zu schicken. Schon nach seinem Abschluss am Wilhelms-Gymnasium in München schrieb er im Alter von 18 Jahren sein erstes Schulbuch und versuchte sich bereits an Dialektbeschreibungen. Da ihm jedoch das Geld für ein Studium fehlte, ging er in die Schweiz und verpflichtete sich dort als Soldat in spanischen Diensten.

Johann Andreas Schmeller
und sein »Bayerisches Wörterbuch«

In Spanien wiederum lernte er an der bischöflichen Bibliothek Spanisch und Katalanisch und hörte dort wohl zum ersten Mal, dass es so etwas wie ein Dialektwörterbuch zum Schweizerdeutschen gibt. Wenige Jahre später eröffnete er mit einem Freund in Basel eine Schule und wohnte dort passenderweise im »Haus zum Korb«.

Nach fast zehn Jahren kehrte er wieder nach München zurück und schaffte es dort trotz ständiger Geldprobleme und der wenig privilegierten Startchancen bis an die Akademie, arbeitete an der königlichen Hofbibliothek und wurde einer der ersten Germanistikprofessoren an der dortigen Universität. In diesen Jahren verfasste er 1821 die allererste Grammatik zum Bairischen und setzte zum ersten Mal Dialektkarten ein, wie man es noch heute macht. Sein wichtigstes Werk ist das mehrbändige »Bayerische Wörterbuch«, das er fast gänzlich in Eigenregie erarbeitete. Noch heute greifen Wissenschaftlerinnen und Wissenschaftler auf dieses Wörterbuch zurück. Nach einem Beinbruch, den er sich auf einer Exkursion in den Alpen zugezogen hat, war er mehrere Jahre bettlägerig und starb schließlich im Jahre 1852 an der in München wütenden Cholera, wenige Tage vor seinem 67. Geburtstag.

Viele seiner wissenschaftlichen Weggefährten schätzten ihn sehr für seine Erkenntnisse und die wegweisenden wissenschaftlichen Methoden. Schmellers Kollege Jakob Grimm schrieb nach seinem Tod sogar einen Brief an die Königliche Akademie in München und forderte, dort ein Denkmal für ihn aufzustellen. Zu einem Denkmal kam es nie und so bleibt für seine Fans nur das Grab des Wegbereiters der Dialektologie auf dem Alten Südlichen Friedhof in München.

Bei aller Wissenschaftlichkeit hat sich Schmeller in seinem Bayerischen Wörterbuch auch eine persönliche Note und ein Denkmal für seinen eigenen Vater erlaubt. Unter dem Stichwort *Kürbenzäuner* ist dort nachzulesen: »Unter allen Gewerben ist dieses unscheinbare dem Verfasser des b. Wörterbuchs das ehrwürdigste, denn es ist das eines bald achtzigjährigen Ehrenmannes, dem er sein Daseyn und seine erste Erziehung verdankt.«

Sprachinseln

Bairisch anderswo

Eine Insel ist ein kleines Stück Land, das von Wasser umgeben ist. So ähnlich ist das auch bei einer Sprachinsel. Anstatt von Wasser ist die Sprachinsel aber von einem Gebiet umgeben, in dem eine andere Sprache gesprochen wird. Die Menschen, die in einer Sprachinsel leben, unterscheiden sich meist nicht nur sprachlich von ihrer Umgebung, oft pflegen sie auch ihre eigenen Bräuche, haben andere Wertvorstellungen, einen eigenen Glauben und so weiter. Und so begleitet diese Gruppen häufig ein eigenes Bewusstsein für Identität und Gemeinschaft. Daran ändert auch nichts, dass sie politisch und wirtschaftlich stark mit ihrer Umgebung verbunden sind.

Es gibt auch Sprachinseln, in denen Bairisch gesprochen wird. Die wohl bekanntesten befinden sich in Oberitalien.

Da gibt es zum Beispiel das Fersental (Bersntol) in der Nähe von Trient, das im 13. und 14. Jahrhundert Leute aus Tirol besiedelten, um dort den Bergbau voranzutreiben, die später dann aber hauptsächlich von der Landwirtschaft und Haustürgeschäften (Krumerhandel) lebten. Manche Wörter, die bei uns im Mittelalter noch verwendet wurden, heute aber ausgestorben sind, verwenden die Bersntoler noch heute, zum Beispiel *kloffen*, wenn sie ›sprechen‹ meinen. Auch in der Aussprache findet man manche Relikte, zum Beispiel das harte p im Anlaut wie in *Ponk* (›Bank‹) oder *Polm* (›Palme‹), wie es das sonst nur im mittelalterlichen Bairisch gab. Ein Kuriosum für unsere Ohren ist auch, dass Wörter, die bei uns mit einem w beginnen, dort mit einem b ausgesprochen werden, wodurch die Frau (›Weib‹) als *Baip* und der Wein als *Bain* gesprochen wird.

Noch älter als die Fersentaler Sprachinsel ist die der Zimbern im alpinen Hochland über Verona. Eine Urkunde des Klosters Benediktbeuern im Süden Bayerns bezeugt eine Auswanderung um 1050 in die dortigen Gebiete. Die Zimbern, die zwar nach den antiken »Cimbern [und Teutonen]« benannt wurden, mit ihnen aber nichts zu tun haben, genossen bis ins 19. Jahrhundert zahlreiche Sonderrechte innerhalb Veneziens. So waren sie von Zöllen befreit, durften das Holz in ihren Wäldern schlagen und sich sogar bewaffnen. Durch diese Autonomie konnte sich dort auch sprachlich viel erhalten. So verdumpfen sie ihr a nicht und sagen deshalb *haben* und *Nacht* (nicht *hom* und *Nocht*), und sie haben auch die Umlaute erhalten, wie wir sie aus dem Standarddeutschen kennen, wie in *Röckche* (›Röcke‹) oder *Hütta* (›Hütte‹).

Stirbt das Bairische aus?

Dialektwandel

Müssen wir befürchten, dass der bairische Dialekt ausstirbt? Die Zeiten wandeln sich. Bevor es die Sprechweise, die wir heute als Hochdeutsch oder Standarddeutsch kennen, überhaupt gab, wurden im deutschen Sprachraum nur Dialekte gesprochen. Da konnte es schon mal ganz schön schwierig werden, wenn sich jemand aus dem bairischen Sprachraum mit einer norddeutschen Person unterhalten wollte oder eine Schwäbin mit einem Hessen. Heute kann man für überregionale Begegnungen immer auf das Standarddeutsche zurückgreifen. Auch wenn es regional eingefärbt sein mag, kann man sich so doch meistens ganz gut verständigen.

Weil Sprache sich ständig verändert, befürchteten Sprachwissenschaftler im 19. Jahrhundert, dass die Dialekte aussterben würden, und fingen fleißig an, Dialekte wissenschaftlich zu konservieren, indem sie zum Beispiel Dialektwörter in Wörterbüchern sammelten oder genau aufschrieben, wie sich die Grammatik eines Dialektes von der Standardsprache unterscheidet. Johann Andreas Schmeller, dem in diesem Buch ein eigenes Kapitel gewidmet ist, war eine wichtige Figur in diesem Forschungsbereich. Die Angst, dass die Dialekte aussterben werden, hat sich zwar als unbegründet erwiesen, aber das konnte zu der Zeit natürlich noch niemand ahnen.

Was wir heute aber wissen ist: Die meisten Dialekte verändern sich in eine bestimmte Richtung. Und zwar geht der Trend weg von Dialekten, die man nur in einem ganz kleinen Gebiet spricht und versteht, hin zu Sprechweisen, die man in größeren Regionen nutzt. Man erweitert damit sozusagen den Radius um den eigenen Wohnort herum, in dem man problemlos verstanden werden kann. Diese Sprechweisen nennt man in der Sprachwissenschaft Regiolekte.

Der Satz ›Die weiße Seife gehört meinem Bruder‹ würde sich im nordbairischen Dialekt etwa so anhören: »D'waiße Soif kheat maim Brouda.« Im Mittelbairischen klingt es eher wie »D'waiße Soaf kheat maim Bruada«. Das r wird mit der Zungenspitze gebildet. In einem Regiolekt, der im nord- und mittelbairischen Sprachraum relativ gleich klingen würde, lautete der Satz: »Die waiße Saife gehört maim Bruda.« Diese Variante kommt der Standardsprache schon sehr nahe. Allerdings wird weiterhin das r mit der Zungenspitze gerollt und das e am Ende von *weiße* und *Seife* und in der Vorsilbe ge- wird sehr deutlich ausgesprochen. An dem r, dem e und dem ai mit hellem a würde man immer noch erkennen, dass die Person, die den Satz so ausspricht, aus dem bairischen Sprachraum kommt, ob aus dem nord- oder mittelbairischen aber nicht mehr.

Im bairischen Sprachraum ist es so, dass viele junge Leute den Dialekt zwar noch lernen, mit Gleichaltrigen aber oft den Regiolekt sprechen. Der Dialekt erlebt andererseits im bairischen Sprachraum wie auch in anderen Regionen eine Art Revival. Immer mehr junge Menschen verwenden ihn gern und stolz in allen Lebenslagen, denn der Dialekt ist andererseits ein wichtiges Mittel, die eigene Verbundenheit mit der Heimat und den Menschen dort zum Ausdruck zu bringen.

Bairisch Sprechende sind außerdem erfinderisch und wenden Regeln, die sie aus dem Dialekt kennen, auch auf Wörter an, die aus dem Englischen ins Deutsche gelangt sind. Eine junge Frau, die eine Party besucht hat, auf der viel los war, würde zum Beispiel sagen, es war *Fuihaus* (›Full House‹). Hier wird ganz selbstverständlich in dem englischen Fremdwort das l, wie es im Bairischen üblich ist, als i ausgesprochen. Oder ein Student berichtet, er hätte neulich einen Beitrag auf Instagram *bostet* (›gepostet‹), wobei er, wie man es im Bairischen macht, das ge- vor dem p ausfallen lässt und das p als weiches b ausspricht. Das sind ganz unbewusste Dialekterhaltungsmaßnahmen, die zeigen, dass Dialekte sich immer weiterentwickeln und lange nicht vom Aussterben bedroht sind.

Traditionen und Bräuche

Von *Aperschnoizn* bis *Schuhplattln*

Wer hätte gedacht, dass es in alten bayerischen Bräuchen zu Überschallgeschwindigkeit, normierten Wettkampftischen und Röcken, die beim Drehen in der Luft stehen, kommt? Wir stellen Ihnen hier die schönsten bayerischen Bräuche und Traditionen vor, vom *Aperschnoizn* bis zum *Schuhplattln*. Auch sprachlich lässt sich bei diesen Bräuchen einiges entdecken.

Aperschnoizn: Hier muss zuerst geklärt werden, was es mit dem Wort *aper* auf sich hat. *Aper* bedeutet im bairischen so viel wie ›schneefrei‹ und der Satz »S wird aper« kann mit ›Der Schnee schmilzt‹ übersetzt werden. Hinter *schnoizn* verbirgt sich die bairische Aussprache des Wortes »schnalzen« mit einem dunklen a und einem l, das wie ein i ausgesprochen wird. Bei diesem alten Brauch wird also mit den *Goaßln* (›Peitschen‹) geschnalzt, und zwar von Mitte Januar bis Anfang Februar. Hierbei werden, wenn man der bayerischen Tradition glaubt, zwei Fliegen mit einer Klappe – oder vielmehr Peitsche – geschlagen: Mit dem lauten Schnalzen der Peitschen werden sowohl Winterunholde vertrieben, als auch die Natur aus ihrem Winterschlaf geweckt. Das Knallgeräusch entsteht übrigens dadurch, dass bei den schnellen Bewegungen der vordere Teil des Seils, der *Boschn* genannt wird, Überschallgeschwindigkeit bekommt.

Fingerhakln: Es ist in Bayern nicht einfach nur eine Spielerei, sondern ein richtiger Sport mit festen Regeln und verschiedenen Meisterschaften. Zwei Hakler sitzen sich an einem Tisch, der bestimmte Maße haben und gepolstert sein muss, gegenüber. Auch die Hocker, auf denen sie sitzen, sind genormt. Dazu gehören dann auch noch ein Schiedsrichter, je ein Auffänger (falls einer der Hakler hintenüberstürzt), ein Schreiber, ein Beisitzer und ein Kampfgerichtsvorsitzender. Die Spieler hakeln dann beide einen beliebigen Finger (mit Ausnahme des Daumens!) in einen ungefähr 10 cm langen Lederriemen. Auf das Kommando »Beide Hakler fertig, zieht« geht es los und die Kontrahenten versuchen, einander über den Tisch zu ziehen. Es ist hier von Haklern die Rede, weil hauptsächlich Männer diesen Sport betreiben, aber auch immer mehr Haklerinnen messen sich heutzutage im *Fingerhakln*.

Und Sie ahnen es sicher schon: Das Sprichwort »Jemanden über den Tisch ziehen« hat vermutlich seinen Ursprung im Fingerhakeln: Mit dem Sprichwort meint man, jemanden mit Tricks auszuspielen oder mit unehrlichen Methoden an sein Ziel zu gelangen. Ebenso wird beim *Fingerhakln* nicht nur Kraft, sondern auch Technik und Geschick benötigt, um seinen Gegner zu besiegen.

Fischerstechen: Das bekannteste *Fischerstechen* ist wohl das im schwäbischen Ulm, aber auch in Bayern findet diese sportliche Gaudi vielerorts statt. Optimal ist es, wenn das Wasser nicht so kalt ist, also im Sommer, häufig um Mariä Himmelfahrt, den 15. August. Es handelt sich um einen sportlichen Wettkampf mit hohem Spaßfaktor – zumindest beim Zuschauen. Die Stecher stehen auf Booten, die sich im Wasser gegenüberstehen. Mit langen Stangen, die auch *Speere* genannt werden und vorne am Knauf mit weichem Leder umwickelt sind, versuchen die Spieler, sich gegenseitig vom Boot zu stoßen. Gewonnen hat, wer trocken bleibt. Wer ins Wasser oder auch rückwärts ins Boot stürzt ist »nass« und hat verloren. Ursprünglich betrieben den Sport nur Männer, neuerdings sind mancherorts auch Frauen zum *Fischerstechen* zugelassen.

Leonhardiritt: Die *Leonhardiritte* oder *-fahrten* gehen namentlich auf den Benediktiner-Abt St. Leonhard von Limoges zurück und es gibt sie schon mindestens seit dem 15. Jahrhundert. Der Mönch ist Schutzpatron für das Vieh und deshalb wird vielerorts sein Gedenktag, der Leonharditag am 6. November, zum Anlass genommen, Tiere zu segnen und Prozessionen zu machen. Es geht dabei besonders um die Pferde. Geritten wird in Gespannen, den sogenannten Truhenwagen. Die *Leonhardifahrt* in Bad Tölz ist wohl die größte und bekannteste, sie ist als immaterielles UNESCO-Kulturerbe geschützt.

Schuhplattln: Das *Schuhplattln* oder der *Schuhplattler* ist aus der bayerischen Kultur ebenso wenig wegzudenken wie das Oktoberfest und die Trachten. Der Name ist leicht erklärt: der Tänzer *plattlt* (›schlägt‹) mit den Händen auf die Schuhsohlen und auch auf die Oberschenkel.

Wann, wo und wie genau dieser Tanz entstanden ist, ist nicht bekannt. Es gibt aber bereits im 11. Jahrhundert Beschreibungen von Tänzen, die dem *Schuhplattln*, wie wir es heute kennen, ähneln. Was wir aber wissen, ist, dass es sich früher um einen eher freien Tanz handelte, bei dem der Tänzer sich zur Melodie eines Ländlers relativ frei bewegte, hierbei Figuren zeigte, klatschte und *plattlte*. Es wird davon ausgegangen, dass der Schuhplattler eine Art Werbungstanz war, mit dem die Tänzer die Aufmerksamkeit der anwesenden Damen auf sich ziehen wollten. Im 19. Jahrhundert entstanden erste Vereine und der Tanz bekam mehr Struktur, die regional auch leicht unterschiedlich sein kann. Der Schuhplattler entwickelte sich so vom Werbungstanz zu einem Gruppen- und Schautanz, besonders anzusehen, weil in aller Regel dabei Tracht getragen wird.

So eng verbunden wie zwei Fingerhakler im Wettstreit sind *Schuhplattln* und *Dirndldrahn*. Während die Männer die Schuhplattler-Figuren tanzen, bewegen sich die Damen

(›Dirndl‹) mit aufrechter Körperhaltung drehend im Takt der Musik im Kreis. Der *Drahrock* liegt hierbei fast waagerecht in der Luft oder nimmt eine ausgeprägte Glockenform an, je nachdem, wie er geschnitten ist. Zum abschließenden Rundtanz kommen Plattler und Dirndl am Ende zusammen. Im *Preisplattln* werden diese Tänze sogar auf Wettkampfniveau ausgetragen.

Umlaut

S'Madl hebts Glasl auf der Bruckn

Verzichtet das Bairische etwa komplett auf ä, ü und ö? Bei diesen Buchstaben mit den Pünktchen in Wörtern wie *Mädchen*, *Gläschen* und *Brücke* handelt es sich um sogenannte Umlaute. Sie entstanden vor vielen hundert Jahren im Zuge eines Lautwandels. Im Standarddeutschen kommen sie besonders häufig bei Wörtern in der Mehrzahl vor, zum Beispiel in *Buch – Bücher* oder *Gans – Gänse*. Auch bei Verkleinerungen und Verniedlichungen hören wir sie oft: *Gläschen*, *Püppchen*, *Brötchen*.

In den bairischen Dialekten fand dieser Lautwandel allerdings nicht komplett statt. Das heißt, es gibt zwar Umlaute im Bairischen, die sind aber sehr selten. Wir hören im Bairischen für ein Standarddeutsches ö meist ein e wie in *bes* (›böse‹) und für ein standarddeutsches ä oft ein helles a wie in *Madl*. Für das ü wie in *Brücke* oder *Kühe* gibt es im Bairischen zwei Möglichkeiten: Entweder es wird wie u ausgesprochen, wie im Wort *Bruckn* (›Brücke‹), oder wie ein i, zum Beispiel in *Ki(a)* (›Kühe‹). Dieses Phänomen findet sich auch in Städtenamen. Richtung Süden geht es nach *Innsbruck* oder *Bruckhof*, weiter nördlich außerhalb des bairischen Sprachraums liegen Städte wie *Saarbrücken* und *Osnabrück*.

Unbestimmte Artikel

A ganz a gloans bissl ondas

Im Bairischen verhält es sich mit dem unbestimmten Artikel etwas anders als in der Standardsprache. Zum einen sind die Bairisch Sprechenden hier mal wieder sehr effizient: Meistens lautet der Artikel schlicht und einfach *a*. Egal, ob das, worüber gesprochen wird, männlich, weiblich oder sächlich ist: *a Hund*, *a Kotz*, a *Pfeadl* (›ein Hund‹, ›eine Katze‹, ›ein Pferdlein‹). Ganz so simpel bleibt es aber nicht durchgängig. Bei maskulinen Formen gibt es im Akkusativ und im Dativ noch ein n dazu: »I hob an Hund und a Kotz.« Beim Neutrum gibt es das extra n nur im Dativ: »Jetzt kommt dea mit an Viech o.«

Nicht ganz so sparsam wie bei der Wortlänge sind Bairisch Sprechende, wenn es darum geht, wann und wo ein unbestimmter Artikel gesetzt wird. Das machen sie nämlich gerne und oft. Besonders wenn die Wörter *ganz, so, recht, wenig und bisschen* mit im Spiel sind, wird der unbestimmte Artikel mehr als einmal gesetzt. So kann

a Pfeadl

man, wie hier oben sagen, dass der unbestimmte Artikel im Mittelbairischen *a gonz a gloans bissl ondas*, also ›ein ganz ein kleines bisschen anders‹ ist als im Standarddeutschen oder der Besuch auf der Wiesn *a so a scheena Doog* (›ein so ein schöner Tag‹) war. Im Nordbairischen der Oberpfalz wäre es übrigens *a gonz a gloins bissl ondas*. Für nicht-bairische Ohren klingen auch Sätze wie »Sie hod a Gäid« (›Sie hat ein Geld‹) oder »I hob an Durscht/Hunger« (›Ich habe einen Durst/Hunger‹) etwas merkwürdig, denn der Artikel wäre an dieser Stelle ja eigentlich gar nicht nötig. Ein bisschen einen charmanten Eindruck hinterlässt es trotzdem.

Vergeltung und Segen

Danken auf Bairisch

Bayern ist ein komplett katholisches Land. Wirklich? Was hier verallgemeinernd oft unterschlagen wird: Bayern besaß bis zum Beginn des 19. Jahrhunderts Gebiete auf der linken Seite des Rheins, sie wurden aber in der napoleonischen Zeit Frankreich zugesprochen. Als Ausgleich dafür kamen dann Territorien zu Bayern, die auch protestantisch geprägt waren, nämlich Schwaben und Franken. Vor allem Franken ist, mit Ausnahme der Gegend um Würzburg, bis heute größtenteils protestantisch. Korrekterweise müsste man also sagen, dass Altbayern (Oberbayern, Niederbayern und Oberpfalz) katholisch geprägt ist.

So oder so, fest steht, dass die Kirchen in vielen Bereichen ihre Spuren hinterlassen haben. Neben den zahlreichen Bräuchen, von denen wir in den Kapiteln »Kirchweih« und »Von Aperschnoizn bis Schuhplattln« erzählen, kann man die Spuren auch im Dialekt finden. Dass man daraus aber automatisch eine tiefe Religiosität ableiten kann, darf man gerne in Zweifel ziehen. Egal, ob aus frommem oder nicht gläubigem Mund, *Griaßgod*, *Pfiagod* oder *Pfiatde(god)* sind verbreitete Grußformeln im Bairischen. »Gott sei Dank!« hat im Standarddeutschen ja auch nicht zwingend mit Religiosität zu tun.

Im Bairischen gibt es, wenn man sich erkenntlich zeigen möchte, so einige Möglichkeiten: Meistens sagt man *Danke* oder *Dankschee(n)*. Auch das Französische »Merci« ist gesprochen als *Measse* weitverbreitet. Eine Dankesformel, die man vor allem noch von älteren Leuten hören kann, lautet *Gäidsgod*. Hier handelt es sich um eine Kurzform von *Vergelte es Gott* beziehungsweise *Vergeltsgott*. Damit brachte man ursprünglich den Wunsch zum Ausdruck, dass Gott der Person, der gerade gedankt wurde, diese gute Tat vergelten, also lohnen, sollte. Es ist also ebenfalls eine Art Segenswunsch. Die passende Antwort auf so ein *Gäidsgod* ist dann wiederum *Sengasgod*. Dieser Wunsch ist eine verkürzte Form von *Segne es Gott*. Der geschenkte Gegenstand soll unter Gottes Segen stehen, also der beschenkten Person kein Unglück bringen. Tatsächlich ist aber heute auch *Bitte* oder *Bittschee(n)* gebräuchlicher, und scherzhaft kann man sogar *nix zu meassen*, also ähnlich wie ›nichts zu danken‹, sagen.

Auch wenn es um die Gesundheit geht, hat man in Zeiten fehlender Krankenversicherungen Gott zu Hilfe gerufen. Niest jemand, dann stellt neben dem allseits bekannten *Gesundheit* das *Häifdagod* ›Helfe dir Gott‹ eine adäquate Antwort dar.

Ob mit oder ohne *God*: Höflichkeit schafft ein angenehmeres Zusammenleben und wie man sich bedankt, ist eigentlich egal, solange man es tut. Deshalb an dieser Stelle mal: Measse fürs Lesen!

Vergleichen im Bairischen

Da Grässa und *da Gläana*

Kennen Sie den größten See Bayerns? Wenn wir Ihnen nun sagen, dass eine Antwort *Bodensee* lauten kann, werden Sie sich womöglich wundern. Das bayerische Lindau mit seiner pittoresken Altstadt und dem einzigen Leuchtturm Bayerns liegt am beziehungsweise im Bodensee. Da aber die Grenzen zwischen den Anrainerstaaten Deutschland, Österreich und Schweiz nicht eindeutig festgelegt sind, gehört der Bodensee sozusagen allen und niemandem zugleich. Tatsächlich gibt es nur eine festgelegte Staatsgrenze im Westen, den sogenannten Untersee, welche die Gebietsverhältnisse zwischen der Schweiz und der Bundesrepublik Deutschland regelt.

Bleibt man aber bei den Seen, die zur Gänze in Bayern liegen, dann sind die drei größten davon der Chiemsee, der

Starnberger See und der Ammersee. Nehmen wir mal an, Sie fragen einen Sprecher oder eine Sprecherin des Bairischen, welcher dieser drei Seen der größte, der mittlere und der kleinste ist. Dann kann es sein, dass Sie mitgeteilt bekommen, dass der Ammersee *da Gläana* und der Chiemsee *da Grässa* ist. Und der Starnberger See wäre unter den dreien dann *da Mitta*. Beim Vergleich untereinander wäre im Bairischen dann »da Chiemsee grässa wia da Starnberger See«.

Hier lassen sich schon ein paar Besonderheiten des Bairischen erkennen: Während man im Standarddeutschen ein Adjektiv mit der Endung -te wie in *größte* auf die Spitze treibt, funktioniert die Steigerung im Bairischen mithilfe einer Kombination aus einem Artikel wie *der*, *die* oder *das* und einer Form des Eigenschaftsworts, das man auch zum Vergleichswort machen kann, also zum Beispiel *größer* oder *kleiner*. Somit wäre »da Chiemsee da Grässa« und der »Ammersee da Gläana« der beiden. Was für die deutsche Sprache merkwürdig erscheint, ist in Sprachen wie dem Italienischen oder Französischen ganz normal. Im Italienischen wäre der Starnberger See beispielsweise *più piccolo* ›mehr klein‹ als der Chiemsee. Möchte man im Italienischen sagen, dass der Ammersee der kleinste See ist, würde man auch hier einfach den italienischen Artikel *il* davorsetzen. Er wäre also *il più piccolo* ›der mehr kleine‹.

Das Bairische gilt heute als der einzige deutschsprachige Dialekt, der die höchste Steigerungsform so zusammenbaut, wie es die romanischen Sprachen tun. In der Sprachwissenschaft hat man sich den Kopf darüber zerbrochen, wie es dazu kommen konnte. Eine Erklärung könnte sein, dass das Gebiet bis zur Donau, auf dem heute Bayern liegt, zum römischen Reich gehört hat. Lange Zeit wurde dort ein volkssprachliches Latein gesprochen, in den Alpengebieten sogar noch bis um das Jahr 1000. Viele Städte in Bayern wie Regensburg (Castra Regina) oder Partenkirchen (Partanum) sind römische Gründungen, deren Namen noch heute daran erinnern. Erst mit der Völkerwanderungszeit kamen langsam germanische Sprachen in das Gebiet. Die lateinischsprachige Bevölkerung hat die Anordnung der Wörter beibehalten, sie aber durch die germanischen Wörter ersetzt. Zwar gibt es auch andere Ideen dazu, warum hier das Bairische so eigene Wege beschritten hat, und die Herleitung über Latein wird mittlerweile auch angezweifelt, aber spannend ist die Idee.

Sprache hat sich schon immer verändert. Heute hört man in Bayern häufig auch, dass jemand *da Grässte* oder *da Gläanste* sagt. Das ist darauf zurückzuführen, dass man die deutschen Wörter einfach sprachlich bajuwarisiert hat, also eine ganz typische Anpassung.

Übrigens, falls Sie sich beim Beispiel am Anfang gedacht haben, dass der Chiemsee, wenn überhaupt, »größer als« und nicht »größer wie« der Starnberger See ist, dann liegen Sie leider daneben. Im Bairischen, wie auch in vielen anderen Dialekten im südlichen deutschen Sprachraum, kann man *wie* genauso verwenden wie das Wort *als*. Auch im sogenannten Mittelhochdeutschen, der deutschen Sprache des Mittelalters, konnte man die beiden Worte beliebig austauschen. In diesem Fall hat sich also seit ein paar hundert Jahren dann doch nichts verändert.

Der Ammersee ist der drittgrößte See Bayerns. Auf einer Anhöhe unweit des Sees befindet sich das Kloster Andechs mit seiner mehr als 500 Jahre alten Klosterbrauerei.

Den Starnberger See südlich von München nannte man früher auch *Würmsee*, benannt nach dem Fluss Würm, der den See in Richtung Norden verlässt.

Der Chiemsee ist der größte See Bayerns
und ein beliebtes Ausflugsziel.

Verkleinerung

Da Loisl holt mit dem Radl das Kisdl für sei Schwessdal

Sprachliche Verkleinerungen haben etwas Schönes! Man kann damit Fehler, die einem unterlaufen, mit dem *Fehlerteufelchen* ein wenig kaschieren oder das *Bierchen*, das man zu viel getrunken hat, ein wenig harmloser aussehen lassen. Der Satz hier oben klingt doch auch viel netter als ›Der Alois holt mit dem Fahrrad die Kiste für seine Schwester‹.

Im Bairischen werden oft und gerne Verkleinerungsformen benutzt. Statt Personen und Dinge wie im Standarddeutschen mit der Nachsilbe *-chen* zu verniedlichen (*Kindchen, Schweinchen*), wird im Bairischen an das Hauptwort die Nachsilbe *–lein* angehängt. Vom *–lein* bleibt aber nicht viel übrig: Um es kurz und bündig zu haben, fällt der Teil *-ein* im Bairischen einfach weg. Übrig bleibt meist allein ein *l*: *Glasl* (›Gläslein‹), *Madl* (›Mägdelein/Mädchen‹). Bei Wörtern, bei denen das angehängte l allein nicht so leicht von der Zunge geht, wird daraus oft *–erl,* wie in *Pupperl* (›Püpplein/Püppchen‹) oder *Fleckerl* (›Flecklein/Fleckchen‹). Bei Wörtern, die mit einem n enden, wird oft noch ein d vor das l geschoben, auch das lässt sich leichter aussprechen. So bestellt man etwa auf dem Oktoberfest ein halbes *Hendl* (Verkleinerungsform von ›Henne‹) und aus dem ›Schweinchen‹ wird ein *Schweinderl*. Im äußersten Südosten Bayerns, rund ums Berchtesgadener Land, trifft man teils noch auf das Anhängsel *-ai*, wo man gerne mal auf einem *Festai* (›Festlein/Festchen‹) feiert oder sich daran erinnert, dass man das *Katzai* (›Kätzlein/Kätzchen‹) noch füttern muss.

Es gibt aber auch Wörter, die nur in der verkleinerten Form existieren, ganz gleich, wie groß die bezeichnete Sache auch immer ist. Das *Glasl* zum Beispiel ist nicht etwa ein kleines Glas, sondern ganz generell ein Trinkglas, dass sich erst durch das -l vom Material *Glas* unterscheidet. Ein cleverer bairischer Unterschied, auf den das Standarddeutsche verzichten muss.

Die Verkleinerung macht auch vor Ortsnamen nicht halt. So nennt sich der Platz, an dem sich das wohl bekannteste Wirtshaus der Welt, das Münchner Hofbräuhaus, befindet, schlichtweg das *Platzl*. Und auch die Steinfigur auf der Steinernen Brücke im oberpfälzischen Regensburg, wird von den Einheimischen *Bruckmandl* genannt.

Die meisten Dinge, die wir verkleinern, haben wir in irgendeiner Form gerne. So liegt es nicht fern, dass man auch seine Lieben verniedlicht. Da wird *Sebastian* zum *Wasdl* oder *Waschdl* und *Annemarie* zur *Anamial*. Man hört aber auch Formen wie *Hans(e/i)*, oder *Mar(e/i)*. Gerade bei Namen sind diese Verkleinerungsformen mit -i oder -e möglich. Und so kam es auch, dass eine bayerische Frau namens Elisabeth, die später Kaiserin von Österreich wurde, nicht unter ihrem eigentlichen Namen, sondern als *Sis(s)i* Berühmtheit erlangte.

Das Hofbräuhaus am Platzl

Vokale aus einem *l*

Buidl, *Bäidl* oder *Büdl*

Wenn sich der Sommer dem Ende neigt und die Tage länger werden, dann wird es langsam *koid*. So ähnlich könnte man es in der Nähe von München oder Wien hören. Wird es jedoch Winter und bringt der Winter zur Abwechslung mal mehr als nur ein paar wenige Flocken, so hat es in Bayern *vui* oder *väi*, in Österreich aber wohl eher *vü* geschneit. Wenn man im Alltag über das Wetter spricht, so ist das oft nur ein Aufhänger dazu, um ins Gespräch zu kommen. Das ist hier auch nicht anders. Denn ist es nicht merkwürdig, dass wie bei diesen Beispielen in bairischen Wörtern oft das l fehlt, das man im Standarddeutschen zum Beispiel in *kalt* oder *viel* kennt? Wie so oft in der gesprochenen Sprache liegt es auch hier daran, dass man es sich beim Sprechen so einfach wie möglich machen will, man verhält sich »sprachökonomisch«. Denn solch ein Vokal wie beispielsweise das i ist leichter auszusprechen als ein l.

Das passiert aber nur in Wörtern, bei denen sonst ein Vokal vor dem l steht, zum Beispiel in Wörtern wie *Salz*, *Gold*, *Schule*, *Geld*, *Bild*. Und so heißt es entlang von Isar und Donau fast überall *Soiz*, *Goid* und *Schui*. Komplizierter wird es dann mit einem e oder einem i vor dem l. Dann kann nämlich das *Geld* als *Gäid*, *Goid* oder *Göd* ausgesprochen werden und aus dem *Bild* wird schnell mal das *Buidl*, *Bäidl* oder das *Büdl*, je nachdem wo die Person aufgewachsen ist. Wenn Sie solche Wörter hören und Sie sich fragen, woher die Person wohl kommen könnte, dann könnten Sie folgende Faustregel anwenden: Kommt in dem Wort, in dem eigentlich ein l sein sollte, ein Zwielaut wie ui oder au vor, dann kommt die Person sprachlich tendenziell aus Bayern. Ist es hingegen nur ein Vokal, dann liegt man meist mit Österreich nicht so falsch.

Eigentlich ganz einfach, oder? Nun, so einfach ist das leider doch nicht. Viele Menschen, die dieses Buch hier lesen, werden nun sagen, dass sie auch bairisch sprechen, sie aber das l nach dem Vokal sprechen. Und damit haben sie auch recht. Denn dieses Phänomen beschränkt sich hier nur auf das Mittelbairische, das heißt auf das Gebiet, das grob von München bis Wien reicht, also das Gebiet, das nicht von mittleren bis hohen Gebirgszügen geprägt ist. Für das Nord- oder Südbairische trifft das also nicht zu.

Diese l-Vokalisierung gibt es aber auch noch in anderen Sprachen. Im Italienischen zum Beispiel ist der Platz die *piazza* (lat. *platea*) oder das Eis *ghiaccio* (lat. *glacies*). Auch das portugiesische Wort *saudade* (lat. *solitate*) für eine spezielle Form des Weltschmerzes kommt nicht ohne die l-Vokalisierung aus. Ja, sogar im Englischen kennen wir so etwas: In Wörtern wie *would* oder *could* findet man in der Schreibweise zwar noch das l, ausgesprochen wird es aber nicht mehr.

Weißwuascht

Der Äquator mit *sch*

Kulinarisch hat der bairische Sprachraum einiges zu bieten. Eine weit über die Grenzen Bayerns beliebte Spezialität ist die *Weißwuascht*, die schon 1857 in München entstanden sein soll. Die Wurst wird aus Schweine- und/oder Kalbsbrät hergestellt. Besonders wichtig ist beim Würzen die frische Petersilie. *Weißwuascht* wird nicht gekocht, man lässt sie in heißem Wasser ziehen. Das hat sie mit den *Gneedln* gemeinsam.

Traditionell wird die Wurst noch vor 12 Uhr mittags verzehrt, gerne mit Brezn und süßem Senf, aber niemals mit Ketchup! Dass die *Weißwuascht* auch heute noch so früh am Tag gegessen wird, hat historische Gründe: Die *Weißwuascht* wurde im 19. Jahrhundert noch roh verkauft und erst im Anschluss gebrüht. Weil Wurstbrät aber schnell verdirbt, sollte die *Weißwuascht* möglichst schnell und frisch genossen werden. Heute wird die Metzgerspezialität üblicherweise vorgebrüht verkauft und Kühlketten lassen sich besser einhalten, sodass man sie getrost auch später am Tag essen könnte. Aber Traditionen halten sich in Bayern eben hartnäckig.

Der eigentliche Verzehr ist dann noch einmal eine Kunst für sich, denn die Wurst muss dafür aus ihrer Haut. Es gibt für das Entfernen der Wursthaut mehrere Techniken. Besonders beliebt ist das sogenannte *Zuzeln*. Hier wird das Brät aus der Haut ›gesaugt‹ (*gezuzelt*). Außerdem gibt es Techniken, die Wurst aufzuschneiden, beispielsweise der Länge nach, allerdings ohne sie dabei zu zerteilen. Dann kann die *Weißwuascht* am Schnitt entlang von ihrer Haut befreit werden.

Die Aussprache mit sch statt standardsprachlichem s ist eine Spezialität, die sich das Bairische mit anderen Dialekten teilt. Hier verhalten Bairisch-Sprechende sich mal wieder besonders sprachökonomisch: Wenn die Buchstaben r, s und t aufeinandertreffen, die alle an unterschiedlichen Stellen im Mundraum gebildet werden, ist das ganz schön aufwendig. Einfacher ist es, das s als sch auszusprechen. Und auch das r wird hier der Einfachheit halber wie ein a gesprochen. So hört man im Bairischen Wörter wie *Wuascht* (›Wurst‹), *eascht* (›erst‹), *Biaschdn* (›Bürste‹). Eine Bayerin, die gerade ihre *Weißwuascht* genießt und von ungeduldig wartenden Freundinnen gefragt wird, ob sie nun endlich mitkommt, würde also so etwas entgegnen wie: »*Losssts mi eascht no mei Weißwuascht essen*« (›Lasst mich erst noch meine Weißwurst essen‹). Auch vor b wird aus dem s oft ein sch, wie man gut an der bairischen Aussprache für Ortsnamen erkennen kann, denn hier fährt man nach *Rengschbuag* (›Regensburg‹) oder *Augschbuag* (›Augsburg‹).

Das sind beides Städte südlich des *Weißwuascht-äquators*, die charmant-scherzhaft gedachte Kulturgrenze zwischen Bayern und dem nördlichen Rest der Welt. Weil sie eher gedacht als real ist, gibt es Uneinigkeit über den genauen Grenzverlauf. Am häufigsten wird die Donau angegeben. Fest steht: Südlich dieses gedachten Äquators ist *Weißwuaschtgebiet* und nördlich nicht.

Wia spaad is?

Bairische Uhrzeiten

Im Bairischen ticken die Uhren anders, zum Beispiel die Uhr am Isartor in München. Die läuft nämlich rückwärts. Auch sprachlich werden die Uhrzeiten hier ungewöhnlich formuliert, besonders in der Oberpfalz hört man Formulierungen, die es so auch zum Beispiel im Sächsischen gibt: Für die Uhrzeit 15 Minuten nach der vollen Stunde, also beispielsweise 6:15 Uhr, wird die Bezeichnung *viertel sieben* verwendet. Für die Uhrzeit 15 Minuten vor der vollen Stunde, zum Beispiel 5:45 Uhr, hört man im Bairischen die Bezeichnung *drei viertel sechs*. Wer bei diesen speziellen Zeitangaben durcheinander kommt, kann sich als Eselsbrücke einen zauberhaften Kuchen vorstellen, der mit der Zeit immer mehr wird: Um *viertel sieben* ist erst ein Viertel des ganzen Kuchens da. Um *dreiviertel sieben* sind schon drei Viertel des ganzen Kuchens da und zur vollen Stunde ist der ganze Siebener-Kuchen vollständig da. In diese Logik passt das standarddeutsche *halb sieben*. Im Bairischen denkt man eben schon etwas früher an die Zukunft.

Auch bei Tageszeiten hat das Bairische so seine Besonderheiten. Während man im Standarddeutschen meist *heute Morgen* sagt, wenn man die frühen Stunden des Tages meint, wird im Bairischen hier eher *hait früh* oder *hait in da Früh* verwendet. Und auch die späten Stunden sind im Bairischen anders: Hier heißt es oftmals *hait auf d'Nacht* (›heute auf der Nacht‹) anstatt *heute Abend*. Wer also *morgen auf d'Nacht* zum Essen eingeladen wird, sollte

Uhrzeit in Kuchenform

nicht mit einem Mitternachtsschmaus, sondern einem ganz normalen Abendessen rechnen.

Im Bairischen und im gesamten süddeutschen Raum kann man häufig *haier* oder *heuer* für ›dieses Jahr‹ oder ›diese Saison‹ hören. »Gehst haier auf d' Wiesn?« ist so eine Frage, die sich entsprechend weit in die Zukunft richten kann.

Wiesn

Gespräche im Bierzelt leicht gemacht

Hier warten wir mit zwei sprachlichen Tipps auf, mit denen Sie auf dem Oktoberfest in München brillieren oder sich zumindest vor dem Verdursten retten können.

Ein charmanter Beitrag beim Smalltalk auf der Bierbank könnte so etwas sein wie: »Weißt du eigentlich, warum es Wiesn heißt, obwohl es nur eine Wiese ist?« Tatsächlich hört man Besucher oder frisch gebackene Münchnerinnen und Münchner oft Freunde oder Kollegen fragen: »Kommst du in diesem Jahr auch zu den Wiesn?« Im Bairischen gibt es eine Vielzahl von weiblichen Wörtern, die im Singular verdächtig nach Plural aussehen. Zu diesen Wörtern zählt neben der genannten Wiesn die *Nosn* (›Nase‹), die *Brezn* … Die *Listn* könnte noch weitergeführt werden. Für die Sprachgeschichte ist sowas gar nicht mal so ungewöhnlich. Es gibt auch Wörter mit männlichem Artikel, die im Laufe der Zeit solch eine Entwicklung mitgemacht haben,

Oktoberfestbesucherin mit Brezn

wie der Schade beziehungsweise Schaden. Einen ähnlichen Wechsel erleben wir heute noch beim Willen, der ebenso der Wille sein kann. Aber Wiesn bleibt Wiesn.

Der zweite Tipp für die Wiesn ist weniger einer, um ins Gespräch zu kommen. Vielmehr ist er dazu nützlich, nicht ins Gespräch zu kommen, sondern zu trinken. Es geht um die korrekte Aussprache des bekannten Ein-Liter-Getränks. Denn wer auf den zahlreichen Festen in Bayern das Getränk mit einem langen statt einem kurzen a ausspricht, riskiert nicht selten abfällige Blicke. Zwar gibt es das Maß (gesprochen Maaß) auch, hier ist aber nur eine Messeinheit gemeint. Das Getränkemaß ist aber die *Mass* (gesprochen mit einem kurzen und dunklen a wie im englischen Wort *father*), also weiblich. Diesen speziellen a-Laut gibt es im Standarddeutschen sonst gar nicht. Seit ein paar Jahren ist die *Mass* in dieser Schreibweise und Aussprache sogar im Duden erfasst und dann muss es ja stimmen. Oder?

Wohin geht's im Bairischen?

Aufhi, auf'n Berg

Da, wo es viel hoch und runter geht, so wie in der bayerischen Landschaft, gibt es manchmal besonders viele eigene Wörter für Richtungen. So auch im Bairischen. Wir hören hier Wörter wie *obhi*, *aufhi* oder *einhi*. Wann man was sagt, ist gar nicht so selbstverständlich, denn wer hinter *obhi* die Richtung ›nach oben‹ vermutet, weil es sich ein wenig wie ›oben‹ anhört, ist auf dem Holzweg. Denn im Bairischen wird die Richtung, in die es gehen soll, meistens anders angesagt als im Standarddeutschen: Im bairischen Dialekt werden Wörter wie *herab* oder *hinab*, *herauf* oder *hinauf*, *heraus* oder *hinaus* in der Regel in der Wortreihenfolge umgedreht. Es heißt hier also *abher* oder *abhin*, *aufher* oder *aufhin* und *ausher* oder *aushin*. Das sind allerdings nur die Grundformen. Dazu gibt es noch verschiedene Varianten bei der Aussprache, mit einem i am Ende wie in *einhi* (für ›hinein‹) oder mit einem a wie in *ausha* (für ›heraus‹).

Wann es auf einer Bergwanderung nach oben und wann nach unten geht, kann da schon allein sprachlich ganz schön verwirrend sein. Die Wörter mit *-her* beziehungsweise *-(h)a* und *-hin* beziehungsweise *-(h)i* folgen da aber einem klaren System: Das lässt sich besonders gut an den Wörtern *obhi* und *obha*, also *abhin* und *abher* zeigen: Wenn die Lisa den Berg hinabsteigt, sagt sie: »Ich steige den Berg *obhi.*« Der Peter, der im Tal schon auf sie wartet,

Hinauf oder hinab?

sagt: »*Du steigst zu mir ob(h)a*«, also *abher*. *-her* wird also verwendet, wenn sich etwas oder jemand zum Sprecher herbewegt. *-hin* wird gesagt, wenn sich etwas oder jemand von der Sprecherin wegbewegt oder sich die Sprecherin selbst von etwas wegbewegt, hier also Lisa vom Berg weg.

Bei *obhi*, also *abhin,* kommt die im Bairischen weitverbreitete Verdumpfung von a in Richtung o hinzu und schon hört es sich für Zugereiste eher wie *oben* an. Mit der Faustregel »Im Bairischen sind die Richtungswörter umgedreht« kann man sich also ganz gut erschließen, wohin es eigentlich wirklich gehen soll.

Dank

Wir bedanken uns bei Dr. Laura Neuhaus vom Duden-Verlag für die gute und geduldige redaktionelle Betreuung des Projekts und die vielen hilfreichen Hinweise, Carina Crenshaw für die tollen Illustrationen sowie dem gesamten Team des Dudenverlags.

Und wir bedanken uns bei Ihnen, liebe Leserschaft, dass Sie uns auf der Reise durch die bairische Sprachlandschaft begleitet haben. Also, *Gäidsgod* und *Pfiadt Eana*!

Literatur

Wenn Sie Lust bekommen haben, sich noch weiter mit dem Bairischen zu beschäftigen, möchten wir Ihnen an dieser Stelle weitere Literatur empfehlen.

Die folgenden Arbeiten sind auch für Nichtsprachwissenschaftlerinnen und Nichtsprachwissenschaftler geeignet:

Renn, Manfred / Werner König (2009): Kleiner bayerischer Sprachatlas (KBSA), 3. korr. u. überarb. Auflage, München: dtv.

Schmid, Hans Ulrich (2012): Bairisch: Das Wichtigste in Kürze. München: C.H. Beck.

Zehetner, Ludwig (1985): Das bairische Dialektbuch. Unter Mitarbeit von Ludwig M. Eichinger, Reinhard Rascher, Anthony Rowley und Christopher J. Wickmann, München: C.H. Beck.

Zehetner, Ludwig (1997): Bairisches Deutsch. Lexikon der Deutschen Sprache in Altbayern, München: Hugendubel.

Wenn Sie etwas weiter in die Tiefe gehen wollen oder sich für Sprachwissenschaft interessieren, seien Ihnen diese Arbeiten empfohlen:

Bayerischer Sprachatlas (BSA). Hg. von Robert Hinderling, Werner König, Ludwig M. Eichinger, Hans-Werner Eroms, Horst Haider Munske und Norbert Richard Wolf.

Koch, Günter (2019): Bairisch in Deutschland. In: Herrgen, Joachim / Jürgen Erich Schmidt (Hg.): Sprache und Raum. Ein internationales Handbuch der Sprachvariation. Band 4: Deutsch. Unter Mitarbeit von Hanna Fischer und Brigitte Ganswindt. Berlin / Boston: De Gruyter Mouton, 279–318.

König, Werner / Elspass, Stephan / Möller, Robert (2015): Dtv-Atlas deutsche Sprache. München: Deutscher Taschenbuch Verlag.

Limper, Juliane (2021): Regionalsprachliche Spektren im Bairischen. Dissertation. Philipps-Universität Marburg. Manuskript. Finanziert durch die Akademie der Wissenschaften und der Literatur | Mainz.

Merkle, Ludwig (2005): Bairische Grammatik, München: Allitera.

Weitere Dialekte bei Duden

Lars Vorberger
Hessisch
ISBN 978-3-411-75673-5

Reinhard Goltz
Plattdeutsch
ISBN 978-3-411-75676-6

www.duden.de

Bildnachweis

S. 2/3: Helena Dum/Shutterstock.com

Impressum

Redaktion Dr. Laura Neuhaus
Text Milena Gropp, Markus Kunzmann, Juliane Limper
Illustration Carina Crenshaw
Umschlaggestaltung und -abbildung Tom Leifer Design, Hamburg
Layout und Satz Dirk Brauns, estra.de, Berlin

www.duden.de
www.cornelsen.de

1. Auflage, 1. Druck 2023

Druck und Bindung: Livonia Print, Riga

ISBN 978-3-411-75682-7

PEFC
PEFC/04-31-2260

PEFC zertifiziert
Dieses Produkt stammt aus nachhaltig bewirtschafteten Wäldern und kontrollierten Quellen.

www.pefc.de